「認知症介護教室」企画・運営ガイドブック

続けられる！始め方・進め方のノウハウ

編集
国立長寿医療研究センター もの忘れセンター

監修
鳥羽研二

編著
櫻井 孝　清家 理

中央法規

はじめに——本書を手にした方へ

認知症国家戦略「新オレンジプラン」と「家族向け認知症介護教室」

　本書を手にされる方にとって、「オレンジリング」「認知症サポーター」「認知症カフェ」「家族向け認知症介護教室（以下、介護教室）」等の言葉は、すでに既知レベルを超え、自らの活動の代名詞になっている状況だろうか。これらの言葉は、わが国で初めて策定された認知症に対する国家戦略「認知症施策推進総合戦略（新オレンジプラン）」の核になるものである。

　「新オレンジプラン」が策定された背景には、認知症に対する発想の転換が求められる事象があった。現在、65歳以上の高齢者の15％が認知症を有しており、特に95歳以上では80％が認知症を有している。つまり、「長生きすれば認知症はよく出現する病気になった」といえる。もはや、認知症を不治の病と悲観的にとらえるのではなく、認知症とともに、住み慣れた地域で穏やかに暮らせる方法を考えていく必要があり、先の「新オレンジプラン」に至った。

　「新オレンジプラン」は7つの柱から構成されている。「認知症の人」に対する支援とあわせ、「認知症の人の介護者への支援」が柱の1つであり、認知症カフェや介護教室など、地域ぐるみの家族介護者支援の実施が目標とされている。これらの目標をより具体化させ、継続させることが急務の課題である。それは、認知症の特性、認知症の諸症状や生活障害に対応する家族介護者の状況からもいえることである。

　認知症は認知障害、生活障害が時間をかけて進行していき、さまざまな行動・心理症状（BPSD）や身体疾患を合併するため、全人的医療とシームレスケアが必要である。さらに、認知症は他の疾患と異なり、認知症の人のみならず、家族介護者への配慮が不可欠である。例えば、「同じことを何度も聞く」「（置き場所を忘れているだけなのに）誰かに盗まれたと言う」などBPSDに伴う発言が多く出現するとき、家族介護者は対応に苦慮することが多い。この状況が続くと、家族介護者のいらだちが、認知症の人に対する言動に反映され、さらに認知症の人のBPSDに伴う言動が激化してしまうことが想定される。このような悪循環が、家族介護者の心身の疲弊（ストレス反応）を招き、家族介護者のWell-being（良好な状態）は損なわれてしまう。

　以上のような悪循環から自ら脱却できる力や知識の習得、情報収集ができる「場」の1つが、「介護教室」や「認知症カフェ」である。特に、「学び」に力点を置いたものが、「介護教室」である。

今、なぜ「家族向け認知症介護教室」に着目するのか

　これまでにも数多くの優れた教室が手がけられてきた。これらの実施年数や実施数などの実績は、認知症カフェ以上の地域が多いであろう。しかし、多くの教室は、卓越した指導者・実践家のもとで初めて実施可能であったものであり、普遍性や再現性に優れているとはいいがたい状況であった。つまり、指導者・実践家が代われば取り組みがフェードアウトする危険性をはらんでおり、取り組みの持続性が担保しづらい状況であったともいえる。そこで国立長寿医療研究センターもの忘れセンター（以下、当センター）では、5年前より介護教室のあり方を考えてきた。具体的には、介護教室で用いるプログラムを利用者目線で作成し、科学的な評価方法で効果を検証してきた。そして、当センターのみならず、一般の医療・介護提供機関、さまざまな地域活動において有効なプログラムが提供できるよう、ノウハウを蓄積してきた。

本書の内容とねらい

　本書は、これまで当センターが蓄積してきた介護教室のノウハウをベースに作成した。また、認知症地域支援推進員を中心に、幅広い方々を対象としている。以下、アウトラインを示す。

　第1章は国内外の先行研究をもとに、教室の概念や目的、わが国の認知症国家戦略における位置づけを述べている。第2章から第7章は、当センターの介護教室の取り組みをもとに、①介護教室の開催準備：企画編（チームづくり、ニーズ把握、プログラム準備）、②介護教室の開催準備：運営編（開催準備）、③参加者のフォローアップ方法（参加当日・全プログラム終了後）、④プログラムの評価（意義、評価活用方法）、⑤持続可能な取り組みのために必要な視点（参加者に対するプログラムの見直し・運営者の教育・ボランティア育成・取り組みの周知方法・資金の確保方法）について、具体的な方法や留意点を示している。そして第8章は、当センターのプログラム参加者の参加前後の変化や、参加時のスタッフのはたらきかけを事例で示し、プログラム参加時、参加後のスタッフの支援の必要性、家族に対するプログラムの意義・効果を具体的に記している。

　最後になるが、本書に記していることを完璧に実施していただくことが、我々のねらいではない。もちろん、限られた環境のなかで最善を尽くしてきた結果を記しているわけだが、決して、本書を手にされた方々が厳守すべきことを明記したわけではない。100の実践があれば、100通りのやり方や考え方があって当然である。本書に記しているとおりに、1から10まで準備し、活動しなければならないといった思いにしばられないよう、留意していただきたい。もし、今、「家族介護者同士で集い、

学び合う場があったらよいが、どのように場を設けたらいいかわからない」「どんなプログラムやスタッフを用意したらいいのかわからない」「1回やってみたけれど、何だか大変だったので次をどうしようか悩んでいる」など、一歩を踏み出すことに躊躇している人がおられるなら、本書があなたの背中を押す一助になれば幸いである。

平成30年2月

国立長寿医療研究センターもの忘れセンター
編著者　櫻井 孝　清家 理

目次

はじめに —— 本書を手にした方へ
本書の活用方法

第 1 章　家族向け認知症介護教室とは

第 1 節　家族向け認知症介護教室って何？ ……… 3
1. はじめに　3
2. 海外での介護教室　3
3. わが国の介護教室の取り組み　6
4. 介護教室の理論的概観　7
5. 介護教室のゴール　9
6. 介護教室を始めてみよう　10
7. まとめ　11

第 2 節　認知症施策における位置づけ ……… 13
1. 認知症施策　13
2. 近年の施策動向　14
3. 地域支援事業と認知症施策等総合支援事業　16
4. これから　18

第 2 章　家族向け認知症介護教室の企画

第 1 節　チームをつくろう ……… 23
1. はじめに　23
2. ひとり相撲の弊害　23
3. 企画の構想段階からのチーム結成　23

第 2 節　介護教室の目的と目標の設定 ……… 25
1. はじめに　25
2. 目的と目標の違い　25
3. 目的・目標設定のための準備　25
4. 目的・目標の決定　29

第 3 節　プログラムの立案 ……… 31
1. 対象者の選定　31
2. 内容構成　32
3. 提供方法　38

第 4 節　プログラム実施の準備 ……… 43
1. 場所の設定　43
2. 時間の設定　44
3. 資金の確保　45
4. 運営スタッフの確保　45

第 3 章　家族向け認知症介護教室プログラムの実例
― 国立長寿医療研究センター版

第 1 節　プログラム概要 …… 53
第 2 節　プログラム活用の手引き …… 54
1　医学領域　54
2　ケア領域　57
3　心理領域　68
4　社会福祉領域　73
5　参加者への配慮とポイント　80

第 3 節　テキストの作成 …… 81
1　認知症はじめの一歩 ― ご本人、ご家族のための教室テキスト　82
2　あした晴れますように ― 認知症をもつ人と私　83

第 4 章　家族向け認知症介護教室の運営

第 1 節　開催までの対応 …… 87
1　募集に向けて　87
2　開催に向けて　93

第 2 節　開催当日の対応 …… 97
1　開催前の準備　97
2　開催中の対応　97
3　介護教室終了時の対応　99

第 5 章　参加者をフォローするために必要なこと

第 1 節　プログラム実施中のフォロー …… 103
1　初めて参加した人　103
2　欠席した人　104
3　参加を辞退した人　104
4　参加を中断した人　105

第 2 節　プログラム終了後のフォロー …… 107
1　1日のプログラム終了後　107
2　全プログラム終了後　108

第 6 章 活動の評価

第 1 節 評価の目的 ... 121

第 2 節 評価の内容 ... 122
1. 結果の評価：プログラム終了後の評価 ... 122
2. プロセスの評価：連続型プログラムにおける毎回の活動評価 ... 128

第 3 節 これからプログラムの評価を実施する方へ ... 130
1. 留意点 ... 130
2. 評価結果の共有 ... 130

第 7 章 持続可能な活動のために

第 1 節 参加者に対する視点 ... 135

第 2 節 企画者・運営者に対する視点 ... 136
1. 専門職のサポートスタッフを育成する ... 136
2. 非専門職のサポートスタッフを育成する ... 139
3. 活動の理解と周知 ... 147

第 8 章 事例でみる家族向け認知症介護教室の効果と課題

Cace 1 参加者の介護環境が好転した事例 ... 155
1. 教室に参加する前の介護状況 ... 155
2. 家族介護者の変化 ... 156
3. データからみる介護教室の効果 ... 157
4. まとめ ... 160

Cace 2 参加者の心理状態が悪化した事例 ... 162
1. 介護教室に参加する前の介護状況 ... 163
2. 介護教室参加時の様子 ... 164
3. 継続的なフォローと限界 ... 165

おわりに
執筆者一覧

本書の活用方法

あなたが知りたい、わからないと思っている部分にあわせて、最適なページを紹介する図です。

① 企画を立てること

- 企画を立てるメンバーの集め方は？（第2章（21頁））
- 目的の決め方は？（第2章（21頁））
- 対象者の決め方は？（第2章（21頁））

② プログラムをつくること

- 内容の決め方は？（第2章（21頁））
- 既存のものがない？（第3章（51頁））

③ プログラム実施の準備のこと

- 時間、場所の決め方は？（第2章（21頁））
- 必要な資金量は？資金の確保方法は？（第2章（21頁））
- 運営スタッフの確保方法は？（第2章（21頁））

スタートアップ期 ― 企画づくり ―

① 開催までのこと

- 準備するものは？（第4章（85頁））
- 参加者募集の方法は？（第4章（85頁））

② 開催当日のこと

- 準備するものは？（第4章（85頁））
- スムーズにプログラム（活動）を開始する工夫は？（第4章（85頁））

準備期 ― 運営の準備 ―

モニタリング期 ― 評価・継続にむけて ―

① 継続のこと

- 参加者のフォローアップ方法は？（第5章（101頁））
- ボランティアの育成方法は？（第7章（133頁））
- 活動の理解と周知の方法は？（第7章（133頁））

② 評価のこと

- 活動の効果や満足度を調べる方法は？（第6章（119頁））
- 調べた結果の活用方法は？（第2章（21頁））
- 活動に参加した人の効果を実例で知る方法は？（第8章（153頁））

実践期 ― 活動の実施 ―

① プログラムの運用のこと

- 講義をする場合のポイントは？（第3章（51頁））
- グループワークをする場合のポイントは？（第3章（51頁））

② プログラム実施中のこと

- 初参加の人へのフォローアップ方法は？（第5章（101頁））
- 参加者とうまくやっていけなかった人への対応は？（第5章（101頁））（第8章（153頁））

第 1 章

家族向け認知症介護教室とは

第1章　家族向け認知症介護教室とは

　読者のなかには、「家族向け認知症介護教室（以下、介護教室）と認知症カフェの違いって何？」「介護教室と介護者のつどいは違うの？」「昔から介護者に情報提供をしていたのに、何が目新しいの？」など、さまざまな疑問が生じているかもしれない。または、「今、自分のやっていることは正しいのだろうか？」と自信を失いかけている読者がいるかもしれない。以上のような疑問を解決する術として、活動に関する客観的な情報にふれてみるのも1つだろう。

　そこで本章では、国外・国内の介護教室の動向、実施されている介護教室を家族介護者に対する「支援」ととらえた場合に用いられている理論、認知症の人や家族介護者を支える政策の動向、政策における介護教室や認知症カフェ等の活動の位置づけを紹介する。きっと本章を読み終わる頃には、活動にはルーツがあること、同じように活動に励んでいる人が世界中にいること、そのような気づきがあると期待したい。

第 1 節　家族向け認知症介護教室って何？

1 はじめに

　認知症の介護教室をどのように行うべきかについて、先人たちにより創意工夫がなされてきた。わが国で行われてきた介護教室は、作成者の思い入れや経験から作成されたものが多く、介護教室の妥当性・継続性に限界があった。一方、海外では、介護教室の基本となる心理社会的教育プログラム（psychosocial education program）の効果を科学的に解析し、集積しようとする試みがみられる。近年では、データに基づき介護教室を体系化しようとする流れが加速している。

　認知症の医療やケア、家族介護者を取り巻く環境は国により一様ではなく、国民性・精神的背景も大きく異なる。日本の家族介護者の肌にあった介護教室が必要であることはいうまでもない。また、日本国内でも地域により認知症の医療やケアを支える社会資源は異なる。地域の実情にあった介護教室のプログラムが必要であろう。そのために、認知症の人や家族介護者が介護教室に求めていることを知り、それに応えるプログラムを作成し、プログラムの実行性を検証することが重要である。

　国立長寿医療研究センターもの忘れセンター（以下、当センター）では5年前から、介護教室を試行してきた[1)～3)]。ここでは、介護教室の歴史的背景、介護教室に必要な要素を先行研究から明らかにし、介護教室の概念・目的を提示する。また認知症の人を支える家族介護者の介護負担、求められる介護教室の内容について、当センターの経験を紹介したい。

　本書では認知症の人の家族介護者を、「認知症の人と血縁関係があり、同居の有無を問わず、認知症の人が生きていくうえで必要な身体的・心理的・精神的・社会的サポートを無償で提供している（インフォーマルなサポート）家族」と定義する。

2 海外での介護教室

　認知症の介護教室に関する研究は約30年前にさかのぼる。2013年のLinらの総説

によると、60編の介入研究が報告されており、約半数はアメリカから、その他、ヨーロッパ、オーストラリア、カナダ、台湾と香港から報告されている[4]。

　認知症の多くは進行性の疾患であり、一般に経過とともに介護負担が増加する（図1-1）。認知症の自然経過をふまえ、介護教室の対象、プログラム内容、評価法、アウトカムの設定も多様である。介護教室の提供方法は、集団によるものと個別によるものがあり、集団では数セッションからなるプログラムが多い。介護時間による制限から脱落する者も多く、ミニマム・リクワイアメント（最低必要量）を作成したものもある。Linらの総説に基づき、先行研究における介護教室の概要を示す[4]。

① 介護教室の対象

　地域在住の家族介護者、家族介護者―当事者のペア、当事者の家族全員などがあるが、認知症の人の家族介護者を対象としたものが多い。認知症の重症度は軽度～中等度（MMSE平均点数　15.9点）が多い。家族介護者の多くは女性（76%）であり、約半数は配偶者である。当センターの介護教室でも参加者は同じようなプロフィールを示した。軽度認知障害（Mild Cognitive Impairment：MCI）～軽度認知症を対象と

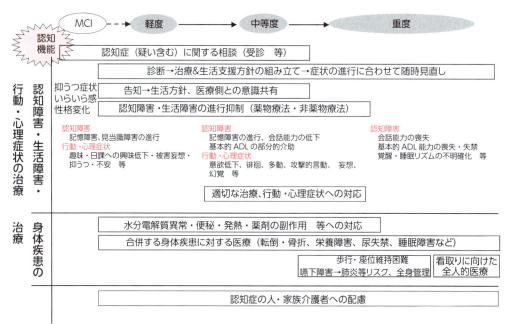

図1-1　認知症の経過で必要な医療とケア
　　　　（アルツハイマー型認知症等の場合）

出典：国立長寿医療研究センター『認知症サポート医養成研修テキスト第7版』12～13頁、2017年を一部改変

した介入では、本人に対して認知トレーニングやリハビリテーションを同時に行うものもある。

② 教室の形態

グループ単位の介護教室が多いが、電話やコンピューターを使った相談、アセスメント、治療計画の作成などを行うものもある。家族介護者同士の懇話会（交流会）のようにミーティングの場だけを提供するものもある。

③ 場所

医療機関または自宅で行われる。

④ プログラムの内容

認知症の知識、介護技術の啓発、地域で利用可能な介護サービスの情報提供から、家族介護者同士のミーティング、介護計画の作成まで多様である。介護技術とは、介護に関する特定の技能ばかりではなく、ストレスへの対処法、介護で遭遇するさまざまな問題の解決法、認知症の人とのコミュニケーション法を含んでいる。その他、介護者の精神的ストレスに対するカウンセリング、事例検討、介護環境の安全性評価と整備、作業療法など多岐にわたっている。

⑤ 教室に携わる職種

医師、看護師、社会福祉士、心理士などからなる専門職が単独もしくはチームで携わっている。

⑥ 教室の構成と期間

3〜18セッションから構成されるプログラムが多い（平均で10セッション）。期間はおおむね3か月、1年以上のプログラムもある。

⑦ 効果の検証

アウトカムとして、介護負担とうつを設定したものが多い。介護負担はZarit Burden Interviewを用いたアンケートで測定した報告が多い。介護負担の軽減が38％の研究で示されている。また、メタ解析でも効果量（effect size）は小さいが、有意な改善が示されている。

うつをアウトカムとした研究では、うつ病自己評価尺度（Center for epidemiologic

studies Depression scales：CES-D）を用いたものが多い。全体の47％の研究において介入効果が示され、メタ解析でもうつの改善効果が示されている。しかし、これらの介護負担やうつをアウトカムとした研究では、介入以前の介護負担・うつの程度がさまざまであり、プログラムの有効性には疑問が残るとの指摘もある。また、介護教室の持続効果についても不明である。

介護教室のアウトカムとして施設入所までの期間を調べた報告もある。介護教室介入群では、施設入所までの期間が平均で42か月であったのに対して、対照群では28か月であったという[5]。

3 わが国の介護教室の取り組み

わが国でも、認知症の家族介護者に対する支援実践例が多く報告されている。支援を提供する対象は、「集団」「個別」に大別される（図1-2）。本書で取り上げる「家族向け認知症介護教室」（以下、介護教室）は、「集団」への支援提供（以下、集団支援）である。家族介護者を対象とした集団支援では、認知症の人と家族を支える当事者団体である「認知症の人と家族の会」と、認知症地域支援推進員等の企画による「認知症カフェ」が中心的な役割を果たしている[6]。

図1-2　プログラムの提供方法

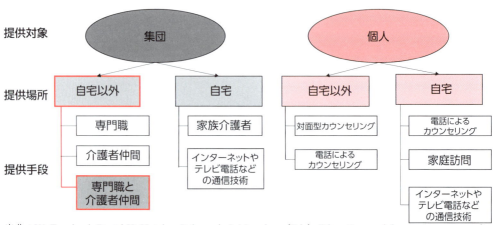

出典：W. Toseland, David H. Haigler, Deborash J. Monahan（Eds）, Education and Support programs for Caregivers, Springer, pp.16～18, 2011. をもとに改変

第1節 家族向け認知症介護教室って何？

　集団支援の提供方法は、学習会（勉強会）、電話やコンピューターを用いた相談、対面相談（カウンセリングを含む）、広報、懇話会に大別される[6)～9)]。支援内容として、病気やその治療に関する知識や提供（疾患教育）、介護技術の指導、社会資源の活用指導、適切な情報提供、共感によるわかち合い、励まし合いや助け合いによる家族介護者のストレスケアがあげられる[6) 7) 10) 11)]。

　介護教室を提供する意義について、杉山は、家族介護者への介護指導を充実させることで介護者に余裕ある介護が可能になれば、認知症の症状が落ち着くことを指摘している[12)]。さらに、保健福祉サービスが充実していても、サービスを利用するときに、ためらい、気兼ね、遠慮といった、介護者の心理的ハードルが高ければ、せっかくの制度も利用されないことも指摘している[12)]。サービスに対する心理的なハードルを低くするために、①知識を豊かにすること、②人々とのつながりをもつこと、③福祉サービスや介護用品を上手に使うことがあげられる[12)]。つまり、介護に活用できる知識の習得、相互交流を通じた互助（物理的・心理的）やソーシャルサポートの獲得、介護スキルの習得が必要であろう。

　また、社会資源の活用指導を行うだけでは、介護課題を解決できるケアにはなり難く、多面的なアプローチが必要である。少なくとも、「正しい知識や技術の習得」と「支え合いによる心のケア」の二軸が重要と考えられる。この二軸を基本にした支援介入は、「心理教育を中心とした心理社会的支援の理念」と類似している。

4 │ 介護教室の理論的概観

　心理教育を中心とした心理社会的支援は、これまでも統合失調症の治療やリハビリテーションで行われてきた。対象は、疾患を有する当事者及び家族である。浦田らは心理社会的支援について、「心理教育は精神障害やエイズなど受容しにくい問題をもつ人たちに、正しい知識や情報を心理面への十分な配慮をしながら伝え、病気や障害の結果もたらされる諸問題・諸困難に対する対処方法を習得してもらうことによって、主体的な療養生活を営めるよう援助する技法」と説明している[13)]。

　一方、心理社会的支援の意義として、第一に課題を抱えた人が現状を受容でき、立ち向かえるようになること、第二に課題を乗り越える技術を獲得すること、第三に課題を解決できる自信といった自己効力感を有するようになること、第四に社会資源の主体的利用ができるようになること（説明を受け自己選択と自己決定する；

informed choice and decision）をあげている[13]。単に対象者に必要な知識や情報を提供するだけではなく、主体的に自分らしく生きていく力量を習得できるよう援助する必要性があるといえる。

　支援の提供方法として、渡部は集団支援を推奨している[14]。集団の力を活用する利点について、「自分だけではないことを知る」「自分も頑張ろうと思える」「同じような立場の人によるサポートを真似ること」をあげている[14]。これらを認知症の家族介護者におき換えてみると、「認知症の人とともに生活し介護を行う者たちが、相互交流を図ることで、介護に伴う苦悩や負担（身体的・心理的・経済や人間関係など社会的側面）、介護上の失敗・成功体験（喜び、うれしさなど肯定的感情も含む）、社会資源の情報等を共有する」ことになる。つまり、相互交流により家族介護者は、感情を吐露したり共感を得たりすることで心理的負担が軽減される、自己効力感を得られる、さらには他の仲間からの情報や知恵を追体験することで、介護の行きづまりや支援利用の躊躇を解消できる等の効果が得られると考えられる。RogersやZaritも同様の指摘をしており、相互交流によりネガティブな感情を表明することが自己受容の芽生えになり、自己肯定感につながること、また、互いにポジティブな感情を有するようになり孤独感の解消につながることをあげている[15)16)]。

　つまり、家族介護者に対する心理社会的支援を集団単位で提供する目的は、「学習（習得）」と「相互交流」に大別される。集団支援の提供は、医療・介護の専門職（医師、看護師、心理士、薬剤師、リハビリスタッフ、ソーシャルワーカー、ケアマネジャー等）と、家族介護者・関心のある市民（ボランティア等）が中心的な役割を果たす。目的と提供者の関係を図1-3に示した。

　まず専門職が、認知症や介護に関する情報や知識を提供する場合（図1-3-①）、介護（対応）や社会資源の活用に関する方法を提供する場合（図1-3-②）など、専門性やエビデンスに基づく支援がある。次に、参加者が交流を通じて、認知症や介護に関する情報や知識の伝達・共有を図る場合（図1-3-③）、介護（対応）や社会資源の活用に関する方法の伝達・共有を図る場合（図1-3-④）など、参加者の経験に基づく相互支援がある。そして、①〜④のすべてにかかわる重要な支援が、参加者のこころを支える支援（図1-3-⑤）である。

　当センターの「介護教室プログラム」は、図1-3①から⑤の領域を網羅することを基本設計とした。しかし実際の場面では、①〜⑤が明確に区分されることは少なく、複数の領域にまたがった支援が提供される。また、1つの施設ですべての支援ができなくても、地域全体で①〜⑤が網羅されていることが望ましい。つまり、①〜⑤それぞれの支援だけで、家族介護者の介護に伴う苦悩や負担に対応できると考えるべきで

図1-3 家族介護者に対する心理社会的支援の目的と内容

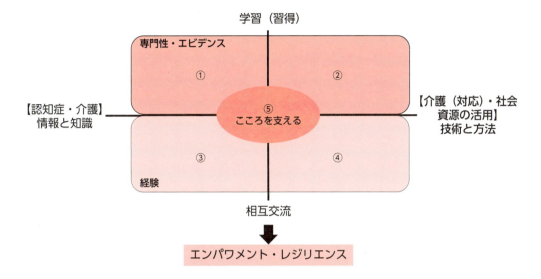

はない。専門性や経験に基づく知識・技術と交流の融合が肝要だといえる。

一方、図1-3①～⑤の支援を実施している機関・グループは積極的に情報開示や広報を行い、相互に連携することが重要である。家族介護者が何か所も開催場所を渡り歩かなくてよい体制づくりが必要である。また、都道府県や市町村には、地域単位での機能分担の調整、運営のための資金交付などの支援を期待したい。

5 介護教室のゴール

　介護教室のゴールは、認知症や介護に関する知識を深めること、家族介護者の対処能力や自己効力感の向上を図ることである（エンパワメント）。エンパワメントの定義はさまざまであるが、安梅らによると、①課題を抱えている人を元気にすること、②課題を抱えている人が有する力を引き出すこと、③共感に基づいた人間同士のネットワーク化を図り、自らが十分な情報のもと意思決定しながら、ウェルビーイング（Well-being）の実現のために環境を整えることと説明される[17]。つまり、エンパワメントは、家族介護者がもちあわせている力（知識、スキル、つちかわれた英知や人間性、周囲の支援等）をうまく活用できていない、自らの頑張りが報われていない

との思い、自己の満足感や効力感を得られていない状況など、パワーレスネス（powerlessness）からの脱却と言い換えられる[18]。

近年、災害復興やストレスマネジメントで啓発が進んでいるレジリエンス（resilience）も重要なゴールといえる。レジリエンスは、ストレスのある状況や逆境でもうまく適応し、精神的健康を維持し、回復へ導くものと定義される[19)20]。これを認知症介護で考えると、介護に伴う身体的・心理的・精神的・社会的脆弱に陥らないように予防する、陥っても立ち直れる力をつけていくことと説明できる。つまり、認知症介護に伴うパワーレスネスから脱却できるよう、エンパワメント及びレジリエンスを図り、介護者自身のウェルビーイングを獲得することが、認知症の家族介護者に対する心理社会的支援の究極のゴールといえる（図1-3）。

6 介護教室を始めてみよう

対象は認知症の人とその家族介護者であるが、一口に認知症といっても、MCIから中等度の認知症まで幅が広く、介護者の抱える悩みも多種多様で、認知症の病型によっても必要な介護は異なる。一方、介護者の年齢も若年から高齢まで幅が広く、介護の経験の有無によっても、介護者が必要とする心理社会的支援の課題は異なる。介護者を対象とした教室のプログラムには、これらの多様性に応えられるバリエーションが必要であろう。

当センターでは、介護教室の対象をMCI及び診断直後の認知症の人とその家族、認知症介護を数年経験した介護者の2段階に分けたプログラムを作成した。MCI及び認知症の診断を受けた直後の人及び家族向けプログラム、介護を数年経験した介護者を対象としたプログラムはすでに診療の一環として提供している[1)〜3]。これらのプログラムの作成には5年間要した（図1-4）。これら2つの介護教室は同時に始めたのではなく、1つずつ実践と効果検証を積み重ねた。

先行研究でも多くの心理社会的支援プログラムが提案されているが、当初、どのようなプログラムが最も適当かわからずにいた。そこで、段階的に参加者による評価を確認しながら、プログラムを作成した。①介護者の求める学習ニーズを調査する、②個々の学習ニーズに対するプログラムを作成し実践する、③プログラムによる学習効果を介護者アンケートを通じて評価する、④有用であると評価された学習内容を含むプログラムを作成する、⑤プログラム全体の効果を検証する、をくり返した。以上

第1節 家族向け認知症介護教室って何？

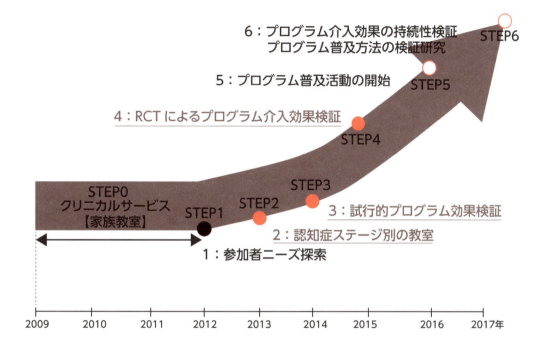

図1-4 認知症の病期、家族介護者のニーズを考慮したプログラムの開発

のプロセスを経て、介護教室プログラムが誕生したのである。プログラム提供者の思い込みでプログラムを作成しない方針を、多職種チームで共通理解していたことが重要であった。地域で教室や認知症カフェを行う場合にも、参加者による評価を行い、フィードバックすることで、参加者のニーズに即したプログラムの提供につながる。

7 まとめ

　本節では先行研究から、介護教室の概念、目的を整理した。また、当センターにおける介護教室の5年間の歩みについても概説した。介護教室のポイントは、正しい知識や技術の習得と、支え合いによる心のケアを行うことであり、認知症介護者がエンパワメントされ、レジリエンスを得ることが目的と考えられる。そのためには家族介護者の多様なニーズを把握し、プログラムの効果を検証することが重要である。
　介護教室の企画・運営・評価などの具体的な進め方については、第2章以降を参照されたい。活動の場所や従事するスタッフの人員、施設、地域の実情に応じた柔軟

な活動が進展することを期待したい。

第2節 認知症施策における位置づけ

1 | 認知症施策

　認知症施策における家族向け認知症介護教室（以下、介護教室）の位置づけについて考えてみる。

　そもそも介護教室個別の活動に、行政、特に国家行政がかかわることに違和感を覚える人もいるかもしれない。国は現場に何ができるだろうか。

　1つには、動機づけである。介護教室のように人手と場所が必要なものを、これまで行っていなかった現場、特に臨床現場で新たに始めるには、非常に大きなエネルギーが必要となる。特に地域のさまざまな職種を巻き込んで行いたい場合は、その職種の数だけ調整の難しさが大きくなる。医療・介護現場・行政・地域の人々ともに、直面する課題も多く、人手も時間も足りず、疲弊していることも珍しくない。新たな試みを開始するときは、他の業務・解決課題の優先順位に影響を与えることになることが多く、「なぜ今なのか」を誰もが納得する形で示すことが欠かせない。それに対し、行政、特に国が現状の課題を網羅的に整理し、そのなかで求められる事業として「これが大事」とその方向性及び優先順位を示すことは、国内のさまざまな地域、職種を越えた現場で「今がそのときなのだ」と周囲の理解を得ることに大きな効果をもたらす。

　2つには、財政的支援である。人と場を必要とする介護教室のような事業は、相応の予算が必要である。市町村も、医療機関や介護事業者も、社会福祉協議会等の機関も、降って湧いたような事業にただちに支弁できるような予算はもっていない。かといって、十分な財政的裏づけのない事業、誰かの犠牲に寄りかかった事業は、たとえ善意と熱意で立ち上げることができたとしても、その後の持続可能性に乏しい。国がしっかりとした方向性を示し、少しなりとも継続的な財政的補助を行うことによって、初めて地に足のついた地域の動きが可能となる。

2 近年の施策動向

　ここでは、国の認知症施策の流れを振り返る。ほかにも都道府県や市区町村が、それぞれの発意のもと、その予算内で独自に行う事業も多く存在するが、ここでは国が主導するものに限定して話を進める。

1　認知症の医療と生活の質を高める緊急プロジェクト

　1982（昭和57）年の公衆衛生審議会答申「老人精神保健対策に関する意見」以降、個別の認知症施策や検討会はいくつか開かれてきたが、わが国が「認知症」に特化した施策の体系化を行ったのは案外と古くない。

　2008（平成20）年7月、「認知症の医療と生活の質を高める緊急プロジェクト」報告書が発表された。名前は「プロジェクト」とあるものの、わが国の認知症施策の歴史において、認知症に特化して立てられた初の準国家戦略といってもよいもので、実際に2012（平成24）年に世界保健機関が発表した報告書「Dementia：a public health priority」においては国家戦略としての扱いを受けている。

　ヒアリングでは、国立長寿医療研究センターの遠藤英俊委員の報告のなかで、同センターにおける「介護教室」に関する説明がなされている。しかし、最終的な報告書においては介護教室への直接的な言及はなく、「1．実態の把握」「2．研究・開発の推進」「3．早期診断の推進と適切な医療の提供」「5．若年性認知症対策」と並んで掲げられた「4．適切なケアの普及及び本人・家族支援」のなかで、「カウンセリング」「コールセンター設置」とともに「認知症の当事者や介護経験のある家族との交流会」があげられているのみである。

2　オレンジプラン（認知症施策推進5か年計画）

　2012（平成24）年8月24日、「認知症施策推進5か年計画」（オレンジプラン）が発表された。その内容は、①標準的な認知症ケアパスの作成・普及、②早期診断・早期対応、③地域での生活を支える医療サービスの構築、④地域での生活を支える介護サービス構築、⑤地域での日常生活・家族の支援の強化、⑥若年性認知症施策の強化、⑦医療・介護サービスを担う人材の育成の7本柱からなる。オレンジプラン自体は項目と数値目標を羅列した簡潔なものであるが、その理念等は、同プランに先立ち、同

認知症施策における位置づけ　第2節

年6月18日に厚生労働省認知症施策検討プロジェクトチームにより公表された報告書「今後の認知症施策の方向性について」で詳しく紹介されている。

同報告書では、「認知症の人の介護を行うことは、その家族にとって相当な負担となっており、認知症の人と家族などとの関係性によっては、認知症の人に悪影響を与えるおそれが生じる」として、初めて「介護教室」が認知症カフェと並んで言及された。ここでは、介護教室は「認知症に関する知識の習得や情報共有を図る場」と説明されている。

具体的には、国の予算補助事業としての「認知症対策普及・相談・支援事業」、及び地域支援事業の「家族介護支援事業」において内容の充実を図るとされた。

3　新オレンジプラン（認知症施策推進総合戦略）

2015（平成27）年1月27日には、「認知症施策推進総合戦略～認知症高齢者等にやさしい地域づくりに向けて～」（新オレンジプラン）が発表された。これは、前年の11月5日から7日にかけて東京で開かれた「認知症サミット日本後継イベント」において安倍首相が「我が国の認知症施策を加速するための新たな戦略を策定する」ように厚生労働大臣に指示したものを受けて策定されたもので、オレンジプランが厚生労働省の計画であったのに対し、新オレンジプランは、厚生労働省だけでなく、「政府」の戦略として、つまり、わが国初の認知症国家戦略として打ち出された点が大きく異なる。

新オレンジプランでは、①認知症への理解を深めるための普及・啓発の推進、②認知症の容態に応じた適時・適切な医療・介護等の提供、③若年性認知症施策の強化、④認知症の人の介護者への支援、⑤認知症の人を含む高齢者にやさしい地域づくりの推進、⑥認知症の予防法、診断法、治療法、リハビリテーションモデル、介護モデル等の研究開発及びその成果の普及の推進、⑦認知症の人やその家族の視点の重視の7つの柱が立てられた。

このうち、④認知症の人の介護者への支援では、「認知症の人の介護者への支援を行うことが認知症の人の生活の質の改善にも繋がるとの観点に立って、特に在宅においては認知症の人のもっとも身近な伴走者である家族など、介護者の精神的身体的負担を軽減する観点からの支援や、介護者の生活と介護の両立を支援する取組を推進する」という基本的考え方に則って、介護者たる家族等への支援として「認知症の人の介護者たる家族等への支援を行うことで、認知症の人の生活の質を改善することができる。かかりつけ医等も、認知症の人の容態だけでなく、家族等の負担の状況をも適

切に評価・配慮することが必要である。また、家族向けの認知症介護教室等の取組について、好事例を収集して全国に紹介し、その普及を進める」と言及されている。

具体的には、地域支援事業に基づく認知症総合支援事業の「認知症地域支援・ケア向上推進事業」において、認知症地域支援推進員が企画・調整する事業として位置づけられた。

3 地域支援事業と認知症施策等総合支援事業

介護教室については、主に、地域支援事業と認知症施策等総合支援事業の2つに基づいて行われている。

1 地域支援事業

地域支援事業は、被保険者が要介護状態または要支援状態となることを予防し、社会に参加しつつ、地域において自立した日常生活を営むことができるよう支援することを目的としている。その事業構成は、①介護予防・日常生活支援総合事業、②包括的支援事業（地域包括支援センターの運営）、③包括的支援事業（社会保障充実分）、④任意事業からなる（表1-1）。介護教室については、このうち、包括的支援事業（社会保障充実分）における認知症総合支援事業と、任意事業における家族介護支援事業に基づいて実施される。

認知症総合支援事業は、認知症初期集中支援推進事業と認知症地域支援・ケア向上事業とに分けられ、認知症地域支援・ケア向上事業において、認知症地域支援推進員が「認知症の人の家族に対する支援事業」として、事業実施に関する企画及び調整を行い、「認知症の人の家族向けの介護教室の開催等を行う」とされている。

なお、認知症総合支援事業を含めた、在宅医療・介護連携推進事業、生活支援体制整備事業は2018（平成30）年3月末までにすべての市町村で実施されることとなっており、これにあわせて、介護教室についても増加することが期待される。

表1-1　地域支援事業の構成

① 介護予防・日常生活支援総合事業
   ❶ 介護予防・生活支援サービス事業
   ❷ 一般介護予防事業
② 包括的支援事業（地域包括支援センターの運営）
   ❶ 第1号介護予防支援事業
   ❷ 総合相談支援業務
   ❸ 権利擁護業務
   ❹ 包括的・継続的ケアマネジメント支援業務
③ 包括的支援事業（社会保障充実分）
   ❶ 在宅医療・介護連携推進事業
   ❷ 生活支援体制整備事業
   ❸ 認知症総合支援事業
   ❹ 地域ケア会議推進事業
④ 任意事業
   ❶ 介護給付等費用適正化事業
   ❷ 家族介護支援事業
   ❸ その他の事業

2　認知症施策等総合支援事業

　認知症施策等総合支援事業は、①認知症総合戦略推進事業、②認知症疾患医療センター運営事業からなる。さらに、認知症総合戦略推進事業は、❶認知症総合戦略加速化推進事業、❷認知症施策普及・相談・支援事業、❸成年後見利用促進連携・相談体制整備事業、❹若年性認知症施策総合推進事業から構成され、家族教室は、このうち、認知症施策普及・相談・支援事業に基づいて実施される。認知症施策普及・相談・支援事業は、「認知症の人や家族が気軽に相談できる体制を構築するとともに、地域における認知症の理解の促進を図ることにより、地域の実情に応じた効果的な支援を行う」とされ、具体的な取り組み内容として、「認知症の知識や技術の面だけでなく精神面も含め認知症の人や家族を支えることを目的とし、面接面談による相談、交流集会や認知症の正しい知識を普及するための講座等を開催すること」となっている。

4 | これから

　2016（平成28）年6月2日に閣議決定された「ニッポン一億総活躍プラン」では、一億総活躍社会の実現に向け、「希望を生み出す強い経済」「夢をつむぐ子育て支援」「安心につながる社会保障」の新3本の矢が掲げられた。「安心につながる社会保障」では、介護しながら仕事を続けることができる、「介護離職ゼロ」という目標が掲げられ、2015（平成27）年11月に策定された「一億総活躍の実現に向けて緊急に実施すべき対策」では、「介護離職ゼロ」について、「介護する家族の不安や悩みに応える相談機能の強化・支援体制の充実」として、「ボランティア等による認知症の人の居宅訪問」など、家族に対する支援を推進していくことが掲げられたところである。

　厚生労働省では、緊急対策を踏まえ、「認知症地域支援・ケア向上事業」を加速するなかで、介護教室も推進するとしている。

　一般的に、わが国の施策は比較的柔軟に地域の先駆的活動を取り入れ支援していく傾向にある。しかし、その成果を客観的な形で示せない事業は切り捨てられ、今までもうたかたのように消えていった。ただ介護教室を開催するだけでなく、しっかりと内容を精査・評価・改善し、その取り組みが認知症の本人及び家族等の生活を支援していくうえで有用で欠かせないものであることを、行政を含む関係者にいかに伝えていけるかが問われている。

【引用文献】

1) Seike A, Sumigaki C, Takeda A, Endo H, Sakurai T, Toba K, 'Developing an interdisciplinary program of educational support for early-stage dementia patients and their family members: An investigation based on learning needs and attitude changes', *Geriatrics & Gerontology International*, 14 (S2), pp.28〜34, 2014.

2) Seike A, Sakurai T, Sumigaki C, Takeda A, Endo H, Toba K, 'Verification of Educational Support Intervention for Family, Caregivers of Persons with Dementia.', *Journal of the American Geriatrics Society*, 64 (3), pp.661〜663, 2016.

3) 鳥羽研二・櫻井孝・住垣千恵子・清家理監修・編集『認知症はじめの一歩——ご本人、ご家族のための教室テキスト』国立長寿医療研究センターもの忘れセンター、2015年

4) Lin JS, O'Connor E, Rossom RC, Perdue LA, Burda BU, Thompson M, Eckstrom E, 'Screening for Cognitive Impairment in Older Adults: An Evidence Update for the U.S. Preventive Services Task Force [Internet].', Agency for Healthcare Research and Quality, 2013.

5) Brodaty H, Gresham M, 'Effect of a training programme to reduce stress in carers of patients with dementia', *BMJ*, 299 (6712), pp.1375〜1379, 1989.

6) 日本看護協会編『認知症ケアガイドブック』照林社、229〜231頁、2016年

7) W. Toseland, David H. Haigler, Deborash J. Monahan (Eds), Education and Support programs for Caregivers, Springer, pp.16〜18, 2011.

8) 認知症の人と家族の会愛知県支部編『介護家族をささえる——認知症家族会の取り組みに学ぶ』中央法規出版、74〜153頁、2012年

9) 望月紀子「要介護高齢者の家族介護者に対する心理・教育的介入プログラムの効果」『老年看護学』第10巻第1号、17〜23頁、2005年

10) 井上真由美・森脇由美子・大川敏子ほか「痴呆症患者の主介護者の負担に対する教育介入効果について」『看護研究』第32巻第3号、53〜59頁、1999年

11) 松本一生『認知症家族のこころに寄り添うケア——今、この時の家族支援』中央法規出版、204〜211頁、2013年

12) 杉山孝博「認知症看護の"キホン"を理解する」『COMMUNITY CARE』第9巻第12号、10〜21頁、2007年

13) 統合失調症の治療およびリハビリテーションのガイドライン作成とその実証的研究心理社会的介入共同研究班「心理教育を中心とした心理社会的援助プログラムガイドライン（暫定版）」7〜8頁、2004年

14) 渡部和成「疾患教育・家族教育と診療報酬上の課題」『日本精神病院協会雑誌』第32巻第6号、76〜81頁、2013年

15) Rogers C. Carl Rogers on encounter groups, Michigan, Harper & Row, 1970.

16) Zarit SH, Zarit JM. Family Caregiving, Mental Disorders in Older Adults Second Edition, The Guilford Press, pp.346〜349, 2011.

17) 安梅勅江編著『コミュニティ・エンパワメントの技法——当事者主体の新しいシステムづくり』医歯薬出版、5〜9頁、2005年

18) Orzeck P, Guberman N, Barylak L編、高橋流里子監訳『家族介護者のサポート——カナダにみる専門職と家族の協働』筒井書房、114〜124頁、2005年

19) 三宅広美「レジリエンスに着目した大学生のパーソナリティ理解：文章完成法と半構造化面接による検討」『創価大学大学院紀要』第32号、355〜384頁、2010年

20) 枝廣淳子『レジリエンスとは何か——何があっても折れないこころ、暮らし、地域、社会をつくる』東洋経済新報社、53～55頁、2015年

第 2 章

家族向け認知症介護教室の企画

第2章　家族向け認知症介護教室の企画

「思い立ったが吉日！　今日から認知症介護教室を始めよう！　同時に認知症カフェも始めよう！」と決意し、街頭呼び込みを突然始める、開催場所と決定したエリアにポスターを貼って参加者の来訪をひたすら待つ、このような唐突な活動の始め方をする人は、おそらくいないだろう。

近年、新入社員教育では、PDCAサイクル（Plan（計画）→Do（実行）→Check（評価）→Act（改善）の順に活動を進めていく手法）を用いた業務戦略の立て方の指導が行われている。介護教室や認知症カフェ等、地域で活動を始めるにあたっても、PDCAサイクルを参考に、先を見通した計画の立案は必要である。まさに計画は、今後の活動のための羅針盤であり、その立案は非常に重要な作業となる。本章では、国立長寿医療研究センターもの忘れセンター（以下、当センター）の家族向け認知症介護教室（以下、介護教室）を例に、活動の企画の進め方と留意点について論じていく。

第 1 節 チームをつくろう

1 | はじめに

　読者のなかには、先を見通した立派な活動企画を作成したにもかかわらず、実際、活動を開始すると、想定外のことばかりが発生し、企画書が絵に描いた餅で終わってしまったような経験はないだろうか。このような場合は、実は、企画段階で落とし穴に陥っていることが多い。特にありがちな落とし穴は、企画の構想段階における「ひとり相撲」である。

2 | ひとり相撲の弊害

　活動の企画を練る段階で、企画者は、「あれもしたい、これもしたい」と希望やアイデアが生まれ、次第に、企画内容が莫大に膨れ上がってしまうことがある。そのような状況で作成された企画書は、企画者の頭の中だけでしか理解できない状況になっており、他人には理解できない内容である場合が多い。

　これでは、企画者に熱意や情熱があっても、企画の趣旨や意図が他者に伝わらない。その結果、活動の運営に必要な人材や、経済面、物的面（場所の提供等）での協力などの、多くの人のバックアップを得られなくなる。さらには独善的な企画になることで、誰のための活動なのか、活動の目的が不明瞭になってしまう。

3 | 企画の構想段階からのチーム結成

　このような事態を回避するために、企画を練る段階から、客観的に企画の内容案をみてくれるような他のスタッフと協働するといいだろう。つまり、企画の構想段階からチームをつくっておく必要がある。その人選は、企画する活動に精通している専

門職や関係者（例：介護当事者、介護経験者、退職した関係専門職等）を中心に声をかけてみるとよい。できるだけ多職種、多機関の精鋭メンバーで構成されるとよい。その際に、報告・連絡・相談が密にできる、双方向のコミュニケーションを図れるメンバーを人選するとよいだろう。

　いずれにしても人選は、日ごろの業務における信頼関係で進めていくことが最善だろう。また、企画にかかわるチームメンバーが運営スタッフを兼ねることも想定し、後に運営スタッフになり得る人材を企画チームのメンバーに入れておくことも重要だろう。

第 2 節　介護教室の目的と目標の設定

1 ｜ はじめに

　企画を立案するうえで最も重要なことは、目的と目標の設定である。これらが明確にならない限り、運営上のアクシデントが発生するたびに、右往左往してしまうだろう。このような事態を防ぐには、企画をつくる過程で何に留意すればよいのか。次項以降、目的・目標の設定方法について、国立長寿医療研究センターもの忘れセンター（以下、当センター）の家族向け認知症介護教室（以下、介護教室）で用いたプログラムの作成プロセスを例に、順に述べていく。

2 ｜ 目的と目標の違い

　企画の目的・目標の設定は、企画をつくるうえで最も重要な作業である。目的と目標は似て非なるものである。目的は、最終的に到達しようと目指すもの、家族介護者のウェルビーイング（Well-being）の実現である。一方、目標は、目的を達成するために設定した目印であり、目的達成の手段である。目的と目標を取り違えないように留意する必要がある。

3 ｜ 目的・目標設定のための準備

1　参加者のニーズ調査

① ニーズを調査する意義

　認知症にかかわる臨床現場にいる医師・看護師・ソーシャルワーカー・心理士・リハビリスタッフ・ケアマネジャー等は、認知症の人や家族介護者に日々接している

ので、あえてニーズを把握する調査やヒアリング等を実施しなくても、自らが一番知っている、すべて理解していると思うだろう。そのような心意気で日々、認知症の人や家族介護者に接することは非常に重要である。だが、どれほど専門的スキルが高くても、そして従事年数が長くても、「一番」や「すべて」はありえない。自らがみている世界がすべてではない。だからこそ、現状を客観的に把握することが重要となる。温かいこころに冷静な判断力が、介護教室や認知症カフェなどを企画する者には求められる。特に専門職は、知識も経験もある分、なおさらである。「参加が想定される対象者のニーズに即した、企画の目的・目標をつくるために、対象者の実態を把握する」、この取り組みが、企画をつくるうえで必須の活動といっても過言ではない。

当センターの場合、介護教室において、心理社会的支援のツールとしてプログラムの作成を企画していた。プログラムの目的・目標を設定するために、家族介護者の介護実態やニーズといった「客観的データ」を検討材料にしたいと考えていた。そして、ニーズに即したプログラムを作成することにより、参加者が介護教室に参加して、「介護の役に立った」「参加してよかった」と思え（目標）、家族介護者の心身及び生活の質、いわばウェルビーイング（Well-being）が向上するようにすることが、企画の目的となり得る。

② ニーズ調査を実施する時期

ニーズ調査を実施する時期は、二通りが考えられる。1つは、企画を立てる前段階、もう1つは企画を立てているときである。前者の場合、別に実施していた調査の結果を活用することもあれば、新たな企画の構想（既存の取り組みのリニューアルも含む）が出はじめた時点で、本当にその構想を進めるかどうかの吟味も兼ねて、実施することもあり得るだろう。

当センターの場合は、既存の介護教室プログラムを見直す必要性を、医師や看護師が日常の診療場面で痛感しており、介護教室の企画そのものをどのようにリニューアルしていくのか、方向性を見出す材料が必要であった。その材料として、認知症の人や家族介護者が日々抱えている課題（生活のしづらさ）や、やりたいと思っていることを把握する、つまりニーズを把握することにしたわけである。改めてニーズ調査を実施するのではなく、臨床現場の取り組みの記録を活用することにした。それは、当センター外来窓口で実施していた外来相談の看護師記録より、初期認知症の人・診断まもない認知症の人・進行期の認知症の人、家族介護者の相談内容を分析する方式であった。

第2節 介護教室の目的と目標の設定

③ ニーズ調査の実例

　家族介護者のニーズを調べるために、当センターで行った調査では、もの忘れ外来で相談を受けた記録（電話相談を含む160件）から主訴を抽出し、KJ法を用いてカテゴリー（治療、薬剤、検査、看護ケア、社会資源）に分類した。さらに、認知症の人の病期と家族介護者の介護歴から、「初期認知症・診断まもない認知症、介護歴が1年前後の介護者」「進行期の認知症、介護歴が数年以上の介護者」に大別し、出てきた結果を潜在的ニーズとして整理した。

　まず、「初期認知症・診断まもない認知症、介護歴が1年前後の介護者」が有していたニーズは、認知症の予防方法を知りたい、進行予防のためにこころがけたらよいことを教えてほしい、薬の飲み忘れを防ぐ方法を教えてほしい、要介護認定の申請方法を知りたいというものであった。最も高い割合で有していたニーズは、認知症の予防方法や進行予防のためにこころがけたらよいことを教えてほしいなど、医療領域に関する知識であった。

　一方、「進行期の認知症、介護歴が数年以上の介護者」が有していたニーズは、認知症の人の行動・心理症状（BPSD）（例：何もせずにじっとしている、夜に寝ない、勝手に家の外へ出ていく）への対応方法を知りたい、運転をやめさせる方法を知りたい、認知症の人に怒ってしまう自分をどうすればよいのか、今後進行してしまったら在宅介護を続けられないのではないか、認知症の人が通所系サービスの利用を拒否するので何か改善策を教えてほしい等が主なものであった。具体的なケア方法を求めるものから、介護者の悩みの表出に至るまで多岐にわたったが、おおよそ看護・心理・福祉領域に該当するニーズであった（表2-1）。

表2-1　家族介護者のニーズ把握の結果

① 「初期認知症・診断まもない認知症、介護歴が1年前後の介護者」のニーズ
　認知症の予防方法や進行予防のためにこころがけたらよいことを教えてほしいなど、医療領域に関する知識の習得

② 「進行期の認知症、介護歴が数年以上の介護者」のニーズ
　看護・心理・福祉領域に該当し、認知症の人の行動・心理症状（何もせずにじっとしている、夜に寝ない、勝手に家の外へ出ていく）や症状に伴う介護やサービス利用拒否への対応等、具体的なケア方法の習得、介護者の悩みを表出する機会の創出

2 ニーズ調査の吟味

　本企画・運営スタッフを担っていたのは、医師・看護師・医療ソーシャルワーカーであったが、企画・運営スタッフは、少しでも多くの家族介護者に教室形式の学び・交流の場を提供するために、心理教育を中心とした心理社会的支援を集団で、かつプログラム形式を用いることを想定していた。この想定が、家族介護者のニーズを充足させることができるのか、検討を重ねた。

　当センターの場合、ニーズ調査の結果を吟味する過程で、家族介護者の「具体的な対応方法が知りたい」というニーズに対し、ある疑問が生じた。参加者として想定している家族介護者は、認知症によって生じる症状に対する具体的な解決策を知りたいと考えている。しかし、認知症の症状は、その人その人によって要因が異なるため、「集団で行う教室では、家族介護者のニーズを満たすことはできないのではないか」という疑問が生じたのである。確かに、認知症の症状によって生じる困難は、その解決策を家族介護者に教えさえすれば解決できるものではない。認知症の人の症状は、日によって異なる。また、脳の障害や健康状態、性格傾向、生活歴、人間関係などの要因が相互に関連し合って生じているため[1)2)]、認知症の人の行動の意味を知り、対応することの重要性を理解することが望ましい。そのうえで、その時々で対応する力が備われば、さまざまな症状が出現しても対応できるのではないかと考えられた。つまり、具体的な解決策ではなく、解決策を考えるプロセスを伝える必要がある。これにより、認知症を正しく理解できること、そして、家族介護者が「客観的に認知症の人をみる力を養うことにつながる」と考えられた。

　また、対応方法を知りたいという思いの背景には、どうにかしたいという思いや、困っている、介護が大変という思いが推察された。そのため、介護教室において、同じ思いを体験している家族介護者との出会いや思いを共有したり、自分自身や介護に対する自身の傾向を把握したりすることで、自己の能力に見合った介護ができるようになり、介護負担が軽減するのではないかと考えられた。さらに家族介護者が客観的に自己の介護を振り返ることで、認知症の受容や介護受容につながると考えられた。

　その結果、介護教室で提供するプログラムには、パーソン・センタード・ケアの理念に基づいて、具体的な対応方法を考えることができるような、思考のプロセスを習得する内容を盛り込む方針とした。

　また、参加者の「どうにかしたい」「困っている」というニーズを充足させるために、参加条件を家族介護者のみとした。それにより、演習やフリートークの時間によって家族介護者同士がその気持ちや困難を共有でき、自身の介護を振り返ることが

第2節 介護教室の目的と目標の設定

できるような時間を取り入れた。

4 目的・目標の決定

　いよいよ企画の目的・目標の決定である。この段階で留意すべき点は、設定する目的や目標が現実的であるか、実現可能な達成レベルであるかという点である。そして、想定する参加者の目線に立った企画の目的・目標の設定をこころがけることが、何よりも重要である。以下、当センターの介護教室における目的・目標の設定を例示する（表2-2）。

表2-2 国立長寿医療研究センター家族向け認知症介護教室における支援目的・目標

設定する領域	内容
目的	家族介護者のウェルビーイング（Well-being）の向上・維持
目標	①～④を通じ、家族介護者が自己選択・決定を図れるような「自律」を獲得する ①　家族介護者が、認知症に関する基礎知識を習得し、認知症の人へのかかわり方を理解できる ②　客観的に自己の介護（環境・感情）を振り返ることができ、課題を把握できるようになる ③　介護に関する社会資源の情報と知識を理解し、必要に応じて、社会資源を活用できる ④　家族介護者同士の交流により、自己の感情表出ができるようになり、孤独感を解消できる

　当センターの介護教室では、「家族介護者のウェルビーイング（Well-being）の向上・維持を図ること」を支援目的と決定した。この目的を達成させるために、以下、4点の目標を設定した。

　第一は、家族介護者が認知症に関する基礎知識を習得し、認知症の人を正しく理解することや、認知症の人へのかかわり方を理解できることである。第二は、家族介護者が、介護環境や介護に関する感情を客観的にみつめ直し、介護のどのような部分で課題を感じているか把握できるようになることである。そして第三は、まず、家族介護者が、介護に関する社会資源の内容や活用方法に関する情報・知識を理解することである。そして必要に応じ、介護上の課題の解決を図るために、社会資源を活用す

ることとした。最後に、家族介護者同士の交流によって、それぞれの介護経験、知識、感情を表出し合うことが可能になり、孤独感の解消が図れることである。以上4点の目標は、家族介護者が認知症の介護において、自分で考え、選択・判断・決定し、行動する力をつける、いわば「自律」を図るようになることを目指している。

　このような目的や目標を決定した背景には、前項のニーズ調査の結果を反映させること以外に、もう1つの大きな理由があった。ケアに従事する専門職の離職率が高い昨今、複雑で多岐にわたる認知症介護のあらゆる問題を、専門職が逐一助言することは困難である。家族介護者が、介護上のすべての問題の解決を専門職に委ねる状況、何で困っているかを他者に全く伝えられず、何か問題が生じていてもそのまま放置し続けるような状況では、認知症の人や家族介護者の心身の状態が悪化し、共倒れの危険性が高くなる。これでは、認知症の人や家族介護者のウェルビーイング（Well-being）は大きく損なわれる。しかし、認知症の人の症状の悪化、介護環境の悪化など、介護上のさまざまな課題が生じた場合でも、家族介護者が自ら考えて対応する力、ゆとりある介護の実現を図れる力（介護コーピング）をもっていたら、課題の悪化を防ぐことも可能になる。そのため、当センターの介護教室では、家族介護者のウェルビーイング（Well-being）の向上と維持を目的に、4点の目標を設定して、家族介護者の自律の獲得を目指した。

　しかし、介護に疲れた家族介護者が、一朝一夕にこれらの目標を達成することは困難である。認知症の介護の課題は日々変わり、そして多岐にわたる。そのため、必要に応じて、目的や目標の再設定やプログラム内容の見直しが必要である。その方法は、第6章で紹介しているので、参考にされたい。

第 3 節 プログラムの立案

　前節までの作業によって、企画の目的・目標達成のために、参加者に対するプログラム提供という手法の活用、そして、プログラム提供による支援目的と目標の設定が終了した。次の作業は、プログラムの立案である。留意点や具体的な方法を述べていく。

1 | 対象者の設定

　対象者の設定の材料となるものは、ニーズ調査の結果、活動の企画者が臨床現場で対応している対象者の状況等であろう。例えば、ニーズ調査の被験者（家族介護者）と要介護者に関する調査項目について、以下のような結果が示されたとする。

> **調査例**
>
> 　被験者の年齢層は60代以上の女性が多く、非就労者が大半を占めていた。介護と診断後の経過年数はともに約3年程度。診断結果を要介護者本人には伝えていない人が、約40％。その理由は、「説明してもわからない」「本人がショックを受けてしまう」「（介護者）自身が現状を受け止められない。ショックだから」というものに大別された。
> 　一方、要介護者の年齢層は、70代以上が半数以上を占め、介護者との続柄は配偶者か両親であった。MMSEは約17点程度、主たる病名はアルツハイマー型認知症が80％を占め、最も該当率の高い行動・心理症状（BPSD）は「何度も同じことを言う」であった。介護保険制度の要介護認定を受けていない人が約半数を占めていた。また介護を手伝ってくれる人の有無では、「なし」と回答した人が40％を占めた。介護者同士の集まりに期待することは、「すぐに介護で使える知識や技術を学ぶこと」「息抜き」がそれぞれ60％以上を占めた。

　もしあなたが活動の企画者だと仮定した場合、この結果を踏まえ、どのような家族介護者を活動のターゲットにするだろうか。「就労に従事していない、高齢の女性、

そして介護サービスを利用していない、他に介護を手伝ってくれる人がいない人が多い」という結果から、活動を開催する時間の設定や頻度が検討ポイントになる。家事の担い手であることが想定され、かつ、進行期の認知症の人を一人で介護している人が活動の参加者になると想定した場合、少ない回数で、昼間の数時間未満の活動開催を企画すべきだろう。一方では、被験者の割合では少なかった男性介護者に着目し、彼らの就労状況や介護状況のデータを確認した結果、あえて男性介護者にターゲットを絞った活動を企画することもあり得るだろう。

また、参加ニーズのうち、多くを占めるニーズに焦点化した活動計画を立て、それらのニーズを有していた人を参加対象者としてセレクトする方法もあり得るだろう。

多種多様な背景とニーズを有する人のあらゆる事情を考慮し、すべてのニーズを満たす活動企画を立てることは、至難の業である。まずは、企画者が普段、臨床現場で対応している人の多くが抱えている課題やニーズ、先の調査結果で示された被験者（家族介護者）の多くが有していた状況やニーズ等に焦点を合わせたプログラムを企画するとよいだろう。そして、焦点を合わせた課題やニーズに該当している人を優先的に、活動の参加対象者として選定することからはじめるとよいだろう。第二弾、第三弾の活動企画で、先の活動とは異なる課題やニーズを有する人を参加対象に設定すればよい。

2 | 内容構成

1　内容を精選する

企画している活動の内容について、詳細を決定していく段階の落とし穴は、「あれもこれもやったほうがいい」と詰め込み式の活動内容を企画してしまうことである。常に、活動の目的や目標に立ち返り、企画者の思いだけが先行し参加者に負担を強いるような内容になっていないか、吟味を重ねる必要がある。

国立長寿医療研究センターもの忘れセンター（以下、当センター）の家族向け認知症介護教室（以下、介護教室）では、集団的教育支援のツールとして、家族介護者向けの心理社会的プログラムを提供することになったわけだが、プログラムの目的と目標を確定した後、プログラムの内容を精選した。その方法は、過去に開催した介護教室のプログラムとその評価結果の吟味、他機関で実施されている同じような活動の

プログラムに関する情報収集であった。情報収集は、インターネット、当該活動への参加者に対するヒアリングを通じて実施した。このような情報収集を実施する過程で、共通しているプログラムを探してみるのもよいだろう。それは、部分的には一般的に参加者のニーズの高さの現れともとらえることができ、プログラム内容に盛り込む必須項目ともいえるからである。

2 プログラム内容のブラッシュアップ

　企画は一度立てたらおしまいではなく、参加者の状況やニーズに応じて、見直し、再構築を繰り返していかねばならない。同時に、当センターの介護教室のように、集団的教育支援のツールとして提供する、家族介護者向けの心理社会的プログラムの目的・目標・内容も必要に応じて見直し、再構築を繰り返していく必要がある。本項では、ニーズに基づき立案したプログラムの見直し、再構築を実施した過程を二点紹介する。

① 初期認知症・診断まもない認知症の人及び家族介護者向けの教室

　第2節で紹介した結果に基づき、「医学・薬剤」と「看護・社会福祉」の2領域で構成されるプログラムを試作した（図2-1A）。医学では「認知症の基礎知識」、薬剤では「認知症の治療薬と管理」、看護では「認知症の人を理解し、対応する方法」、社会福祉では「認知症の人と家族が生きていくために必要な社会資源」をテーマとした講義を行った。①認知症を理解し受容ができること、②積極的に治療に参加できること、③認知症の症状悪化を防ぐケア方法を身につけることを目標とした。

　受講者は、認知症の人とその家族介護者96名で、受講の前後に自記式アンケートを実施した。受講前のアンケートでは「講義で学びたいこと」、受講後のアンケートでは、講義内容が「認知症の理解促進」「生活や介護上の不安や心配解消」「今後の生活や介護の意欲向上」につながったか質問し、講義内容について意見を求めた。

　受講前の参加者の関心は、認知症の人は「基本的な生活方法」「認知症の対応が可能な窓口」が多く、家族介護者では「認知症の症状や治療方法の理解」「認知症の進行過程と対応方法」が高かった[3]。

　講義後の評価では、認知症の理解促進、生活や介護上の不安解消につながった講義として、認知症の人は「医学」「薬剤」、家族介護者は「薬剤」をあげた（図2-1B）。一方、今後の生活の意欲向上につながった講義として、認知症の人は「医学」、家族介護者は「薬剤」をあげた。

図2-1 初期認知症・診断まもない認知症の人及び家族介護者向けの教室

A. 包括的な教育プログラムの構成

領域	分野	講義者	時間	テーマ	コンテンツ	オプション
医療	医学	医師	15分	認知症の基礎知識	1．認知症の特性 2．軽度認知障害と認知症 3．認知症の経過と療養計画 4．非薬物療法	講義者・教室運営者と参加者の質疑応答
医療	薬剤	薬剤師	15分	認知症の治療薬と管理	1．治療で用いる薬剤 2．薬剤の使用方法 3．薬剤の使用上の注意	講義者・教室運営者と参加者の質疑応答
ケア	看護	看護師	15分	認知症の人を理解し、対応する方法	1．認知症の症状とケア 2．認知症の人に対する理解 3．認知症の人への対応方法	講義者・教室運営者と参加者の質疑応答
ケア	社会福祉	精神保健福祉士	15分	認知症の人と家族が生きていくために必要な社会資源	1．地域で暮らす認知症の人や家族介護者に対する支援の種類	講義者・教室運営者と参加者の質疑応答

B. プログラムの効果（認知症理解の促進につながったか）

認知症の人　n=30
- 医学：81.5 / 18.5
- 薬剤：59.2 / 40.8
- 看護：56.6 / 43.4
- 社会福祉：63.3 / 36.7

家族介護者　n=92
- 医学：82.5 / 17.5
- 薬剤：68.7 / 31.3
- 看護：78.3 / 21.7
- 社会福祉：68.4 / 31.6

■その通りだった　■そうではなかった

※調査期間：2012.8.1-2013.8.31
n＝有効回答数

出典：Seike A, Sakurai T, Sumigaki C, et al, 'Developing an interdisciplinary program of educational support for early-stage dementia patients and their family members: An investigation based on learning needs and attitude changes', Geriatrics &Gerontology International, 14(S2), pp.28-34,2014.

　以上により、認知症の人及び家族介護者の中心的な関心は、「医学」「薬剤」領域であり、認知症の病態や治療薬等の知識が重要だと推察された。特に「病気の進行」「治療方法」「薬剤の種類と効果」「認知症の諸症状への対応」など、現在の生活で直面している事態を理解し、それに対応していく技術や知識の習得をニーズとしていた。この結果は、当センターもの忘れ外来の相談内容分析から得られた家族介護者の

ニーズ「最も高い割合で有していたニーズは、認知症の予防方法や進行予防のためにこころがけたらよいことを教えてほしいなど、医療領域に関する知識の教授であった」と合致していた。そして、試作したプログラムは、家族介護者のニーズに合致しており、現状、目的・目標・内容を変更せずに継続しても問題ないという判断に至った。

② 進行期認知症の人の家族介護者向けの教室

　同じく、第2節で紹介した結果に基づき、医学・ケア・心理・社会福祉の4領域で構成されるプログラムを試作した。具体的なニーズとして、「認知症の人の行動・心理症状（BPSD）（例：何もせずにじっとしている、夜に寝ない、勝手に家の外へ出ていく）への対応方法を知りたい、運転をやめさせる方法を知りたい、認知症の人に怒ってしまう自分をどうすればいいのか、今後進行してしまったら在宅介護を続けられないのではないか、認知症の人が通所系サービスの利用を拒否するので何か改善策を教えてほしい等」があげられた。つまり、具体的なケア方法を求めるものから、介護者の悩みの表出に至るまで多岐にわたったが、おおよそケア・心理・社会福祉領域に該当するニーズと考えられ、内容を充実させるために、講義数を多く設定したプログラムを試作した(表2-3)。

　このプログラムでは、多職種チームによる講義、グループワーク、事例検討を織り交ぜた教育を実施した。しかし、12領域を6か月かけて実施するプログラムは、参加する家族介護者の負担も大きかった。そのため、参加者に対するアンケート調査の結果に基づき、6課題に絞り込んだ[★1]。すなわち、①認知症の種類・治療方法、行動・心理症状（BPSD）への対応方法、②パーソン・センタード・ケアの考え方、③BPSDの種類とケア方法、④認知症の人の理解方法、⑤コミュニケーション方法、⑥家族介護者を取り巻く環境とソーシャルネットワークであった[4]。認知症診断直後とは異なり、「医学」「薬剤」の領域よりも、「ケア」「社会福祉」の領域に受講者の関心と満足感は変化していた。以上の結果により、家族介護者のニーズとプログラムの目的には大きな乖離はなかったが、プログラムの目標及び内容の多さが課題だと判断された[5]。そして、介護教室の名称も変更し、プログラムの目的・目標・内容を再考の上、再編成した(表2-4)。

★1　6課題に絞り込んだ経過やデータは第6章で詳細を記載したため、参考にされたい。

表2-3 進行期認知症の人の家族介護者向けの教室プログラム

	領域	コンテンツ（90分）	担当専門職
1	医学	認知症の進行を緩やかにさせる方法（非薬物療法）	医師
2	医学	BPSDの発生原因と治療や対応方法	医師
3	医学	寝たきり予防のための健康管理方法	医師・看護師
4	ケアⅠ	パーソン・センタード・ケアの考え方	看護師
5	ケアⅠ	認知症の人とのかかわり方（GD）	看護師
6	社会福祉Ⅰ	必要な社会資源の種類と活用方法	精神保健福祉士（PSW）
7	心理	認知症の人への傾聴方法（GW）	心理士
8	ケアⅡ	特に対応困難なBPSDの対応方法（GW）	看護師
9	ケアⅡ	認知症を持つ人の口腔ケア	看護師
10	ケアⅢ	認知症の症状と環境工夫（ADLケア方法）	看護師
11	社会福祉Ⅱ	介護地図作成による介護の振り返り（GW）	医療ソーシャルワーカー（MSW）
12	社会福祉Ⅱ	地図を用いた社会的支援の活用方法討議（GW/GD）	MSW＋現役介護経験者

表2-4 再編した進行期認知症の人の家族介護者向けの教室プログラム

講義回 領域	テーマ	講義の表題・目標・解説（目標の詳細解説）
1：医学	認知症の理解	【講義の表題】 　認知症の基礎知識 【目標】 　認知症の症状、治療、予防について理解できる 【解説】 ① 家族介護者が対応する認知症の人の症状は、認知症に起因するものであることを理解できる ② 認知症にはさまざまなタイプや症状があり、それによって治療方針が異なることを理解できる ③ ①、②を通じ、認知症に向き合うために必要な、病気に関する知識の習得を目指す
2：ケア	認知症の人のケア1	【講義の表題】 　認知症の人を中心としたケアの考え方とケア 【目標】 　認知症ケアの基本的姿勢について理解できる 【解説】 ① 認知症ケアの基本的考え方であるパーソン・センタード・ケア（以下、PCC）を知る

第3節 プログラムの立案

		② PCCの考え方を理解し、自己の認知症の人へのかかわり方を振り返ることができる ③ 認知症の人に合わせたかかわり方の重要性を理解できる ④ ①から③を通じ、介護実践に活かすことが認知症の人の尊厳保持になり、ひいては認知症の人の精神的安定につながることを知る
3：ケア	認知症の人のケア2	【講義の表題】 認知症の症状に合わせた、かかわり方のコツ（演習） 【目標】 認知症の症状に合わせた、かかわり方のコツについて理解できる 【解説】 PCCの考え方に基づき、認知症のBPSDへの対応に困ったときに使えるケアのコツについて、自宅の介護で活用できるような実践的な方法を習得する
4：心理	認知症の人と介護者の心を整える	【講義の表題】 認知症の人とのコミュニケーション技術と自己覚知（自分を知る） 【目標】 「聴く」技術を習得し、認知症の人との意思疎通が図れるようになる。自分の性格特性を知り、感情のコントロールを自分で図れるようになる 【解説】 ① 認知症の人との意思疎通を図るために必要な「聴く」技術（傾聴）を習得する ② エゴグラムテストを用いて、介護者自身の性格特性を把握することで、自分の感情反応の特性を知る。そして、自分で感情コントロールできるようになる
5：ケア	認知症の人にケア3	【講義の表題】 認知症の人の行動理解と諸症状への対応（グループワーク：事例検討） 【目標】 PCCに基づいたケアの実践ができるようになる 【解説】 ① 「認知症の人のケア1」で学んだPCCの理論に基づいた事例分析の結果、自己の介護を客観的にみる視点（認知症の人と介護者の思いの乖離を把握する等）を身につけることができる ② 認知症の人の行動背景やその理由について、認知症の人の立場にたって考えられるようになる ③ 事例検討でグループワークを実施し、他の介護者の考え方や介護方法を知ることで新たな介護の知見（介護方法、認知症の人への対応方法等）を獲得できる
6：社会福祉	認知症の人と家族を地域で支える	【講義の表題】 家族介護者の介護環境や感情から考える必要な地域支援（演

習・グループワーク)
【目標】
　現在の社会資源の活用状況、専門職との関係性、介護感情について客観的に振り返ることができ、必要な社会資源について取捨選択できる力をつける
【解説】
① 認知症の人とその家族を取り巻くフォーマル、インフォーマル資源の活用状況とそれらとの関係性を図式化する方法（介護地図：エコマップ）を習得する
② 作成した介護地図を用いて、現在の介護状況、介護感情を客観的に把握できるようになる（自己内省）
③ 自らの介護環境で支援の過不足を把握し、家族介護者及び認知症の人にとって必要な社会資源の取捨選択と活用を家族介護者自身ができるようになる

3 提供方法

1　検討するうえでの留意点

　プログラムの内容構成が決定したら、プログラムの提供方法を検討する必要があるが、検討にあたっては、プログラム提供が「教育的支援」の要素を含むようにする。そのため、集団の人数規模を勘案し、目標達成のために最適な教育的支援方法を検討する必要がある。これらを総合的に考えると、プログラム提供方法として、座学による講義、ロールプレイ、グループワーク（グループディスカッションを含む）等による演習、見学や体験学習などによる実習があげられる。プログラム企画者は、参加者が苦痛なく、プログラムの内容（コンテンツ）を理解し、活用につなげられるような提供方法を検討する必要がある。

　当センターの介護教室では、講義、演習、実習を含むプログラムを提供した。その理由は2点である。

　第一に、当センターの介護教室を企画するにあたり、もの忘れ外来窓口で、家族介護者を対象に「学びたいこと」「希望すること」をヒアリングした結果、自由記載で「もち帰れる学びがしたい」「すぐに介護に活用できる学びをしたい」というニーズが多くみられたことであった。第二に、企画者が、参加者である家族介護者に対し、認知症や介護に対する行動・意識変容の動機づけをいかにして図るかという課題に直面していたことである。それは、介護教室を企画するに至った根本的な動機でも

あるが、メディア等にあふれる認知症や介護に関する情報に翻弄され、一喜一憂、東奔西走している家族介護者の多さを目の当たりにしていたからである。正しい情報を選択し、家族介護者が認知症の人や介護に向き合えること、家族介護者自身の生活や人生を大切にしながら介護生活を送ることを実現するには、どうすればよいのかという課題を抱えていたといってもいいだろう。

以上により、家族介護者の要望を踏まえ、同時に、企画者が直面していた課題を解決させるための方法として、①専門職からの講義によって正しい知識を得る（座学中心）、②日々の介護でうまくいった対応やうまくいかなかった対応について情報交換をすることにより、ケアのコツをつかめる、介護感情の吐露を図れる場を創出する（演習）、③自らの介護状況を客観視できる（実技・演習）、④理論に基づくコミュニケーション技術を試してみる（実習）というように、目標到達に合致したプログラム提供方法を組み合わせていく形式をとった。次項では、座学、演習の利点と留意点について述べる。

2　座学中心の講義

専門職による正しい知識や情報の提供を目的とする場合、座学中心の講義を採用する場合が大半であろう。専門職による講義は、最新の知見や臨床現場での実践をふまえた留意点などの紹介が多い。参加者にとって、巷にあふれる認知症や介護に関する情報に翻弄されないようにするために、非常に重要な学びとなるはずである。

しかし、長時間にわたって他者の話を座って聞くという行為は、心身ともに非常に疲れるものである。講義を実施する講師や企画・運営者の手腕にもよるが、講義のなかで参加者に問いかける、ある問いかけに対し、参加者同士の意見交換を促すなど、演習まではいかないが、交流の機会をはさむ方法も考えられる。参加者にやさしい講義の進め方について検討することは、活動の企画者、そして講義実施者に求められる重要な作業である。

3　演習や実習

演習には、ある課題の達成のために、グループワークやグループディスカッション、事例検討が用いられる。また、必要な体験をすることを目的に、見学や実技演習が用いられる。いずれの方法も参加者同士の交流、参加者自身の取り組みの時間が増えるため、「専門的知見に基づき、話し続ける割合が多い講義より大変ではない」と

講師も企画者も思いがちだが、それは大きな誤解である。

　企画者が演習や実習を導入する意図は、多くは、参加者同士の交流や体験を通じた、経験知や感情・情報の交換による相互支援、自己内省（例：自分の介護状況を振り返り、自分の感情に気がつく等）の機会の獲得であろう。このような企画者の意図を実現するには、参加者の事情を考慮した演習・実習課題の設定とグループ分け、グループごとの対応を想定しておく必要がある。さらに、プログラム運営者と情報共有を図っておく必要がある。

　まずグループ分けでは、ディスカッションや交流が図りやすいよう、少人数の構成にするとよい。また、参加者の背景（年齢、性別、続柄、要介護者の要介護度や認知症の程度、社会的資源の活用の有無等）を把握し、グループ構成を検討するのも１つの方法である。しかし、一度設定したグループに固執する必要はない。なかには、どうしても参加者同士の相性がよくない、自分のことばかりを話してしまう人がグループ内に複数いるなど、演習が進まない場合がある。実際、プログラムの進行中に気がつく内容でもあるため、プログラム運営者が機転を利かせ、グループ構成の変更を検討することも必要になるだろう。

　グループへの対応について、最も望ましいのは、各グループにファシリテーターを配置することである。ファシリテーターとは、グループでの討議や作業がスムーズに進むよう、側面的にフォローアップする人材である。当センターの介護教室では、専門職で構成された運営サポートスタッフ[★2]がファシリテーター[*1]を担った。ファシリテーターを導入した理由は、参加者の多くがグループワークやグループディスカッションなど、集団形式の学び（演習）に不慣れであることが予測されたためである。なかには、他の参加者のことは省みずに自分の感情や体験を吐き出し続ける人、自分の考えや思いを他者に伝えることが苦手な人、他者の話を聞くよりも端的な解決策だけを求める人などにより、演習が滞ってしまうこともあり得る。同時に複数のグループで同様の事態が発生してしまうと、運営者や講師だけでは対応できず、その日のプログラム運営自体が崩壊してしまう。このような事態を防ぐために、演習課題か

> ＊１　ファシリテーター
> １．物事を容易にできるようにする人や人物。また世話人
> ２．集会、会議などで、テーマ、議題に沿って発言内容を整理し、発言者が偏らないよう、順調に進行するように口添えする役。議長と違い、決定権をもたない。

★2　運営サポートスタッフ：詳細は第４章、第７章参照。

ら大きくそれてしまった場合の軌道修正、意見の表出がしづらい人に対する促し、すべてのグループメンバーが満遍なく話せるようにするための時間管理の担い手として、ファシリテーターの配置を実施したのである。地域の活動では、ファシリテーターのための人員まで確保することが難しいと想定される。そのような場合は、「グループ内の話し合いで司会進行を務める人を決定してください」と促し、参加者のなかでグループマネジメントを実施する人を決定し、ファシリテーターと同様の役割を担ってもらう方法が最善であろう。その際、演習の種類が複数ある場合は、1人の参加者に負担がかからないように、演習の課題ごとに司会進行役を交替する等の配慮が、プログラム企画者や運営者に求められるだろう。

最後に、参加者の事情を考慮した演習や実習課題の設定については、参加者が課題に取り組みやすいように、最初は話しやすい話題、共通の話題から進めていくことが大切である。参加者のなかには、認知症の病気があることを他の家族や近所に伝えられず、介護について話すこともつらい場合がある。演習への参加を促しつつも無理をしないよう、運営スタッフの配慮が大切である。当センターでは、小集団（2名）でのディスカッションから開始し、大集団（上限10名）でのグループディスカッション、コミュニケーションの実技演習、相手（要介護者）の立場で考える事例検討、家族介護者と社会資源の関係性に対する感情を示した介護地図の作成というように、簡単なものから複雑なものへと段階を経て、演習課題に取り組めるように配慮した。

4 提供者―多職種・多機関と連携・協働を図ろう―

地域で介護教室や認知症カフェなどの活動を実施する際、その開催回数にかかわらず企画者が運営する場合もあれば、企画者と同じ機関に所属するスタッフや関係機関のスタッフ、知人に講演や講義を依頼する場合もあるだろう。その場合、企画者と同職種、同業者ではないことも十分あり得る。企画者が運営も兼ねて活動を実施する場合以外は、他職種、他機関の協力が必要となる。当センターの介護教室も、一部は企画・運営スタッフが介護教室の講師を担当していたが、大半は当センターの他職種の協力を得ていた。企画した活動に他職種、他機関の協力が必要な理由を当センターの介護教室を例に述べていく。

介護教室で使用するプログラムの内容が確定した後、企画・運営スタッフは、それぞれの講義の講師の選定を実施した。講師はプログラムの内容に合わせ、その知識と技術をもつ職種から選定した。講師が多職種で構成されると、それぞれの講座で参

加者から出される質問に対し、柔軟に対応できる。講師の選定では、介護教室の運営資金や場所・時間なども考慮する必要があった。講師の依頼にあたっては、所属部門への依頼文が必要な場合もあるため、講師の内諾を得る際に必要書類の確認を実施した。そして講師が決まったら、事前の打ち合わせを実施した。打ち合わせの目的は、介護教室全体のゴール、依頼している講義の目的や目標を伝え、企画者と講師との間で理解の齟齬が生じないようにするためである。あわせて、参加者に関する情報（人数、性別、年齢、介護経験、介護上の問題点など）を伝えておくとよい。講義資料の作成や講義の進め方を考える際の参考になるからである。しかし、これらはすべて個人情報であり、その取り扱いには注意を要する。

　地域では、特に、医療領域の講義や講演を企画し、いざ医師に依頼するとなっても、なかなか引き受け手がみつからずに苦慮することもあるだろう。日々の外来診療や訪問診療を実施している医師の多忙さを鑑みたとき、致し方ないともいえる。そのため、日常業務で連携する機会があるならば、早い段階で企画の概要を話し、「講義や講演を依頼したい」と伝えてみるのもよいだろう。その結果、企画に興味や関心を示すなど、反応がよければ、「もし依頼する場合、おおよそ、何月ごろ、何曜日の何時ごろなら可能なのかその目安を教えていただけないか」と問いかけてみるのもよいだろう。このようなはたらきかけを多職種・多機関に実施していくことで、講義や講演を担ってもらえる人材をストックしていくことも可能になる。直近の企画への参画が得られなくても、後々の企画では参画を得られる場合もある。そのため、一度依頼を受けてもらえなかったからといって、関係までも断ち切ってしまわないのが賢明である。日々、地道に多職種・多機関と連携や協働を図れば、企画者の労力を軽減できる日が必ず来るはずである。

第 4 節 プログラム実施の準備

　プログラムの屋台骨が決定したら、プログラムの遂行に欠かせない場所、時間、資金、運営スタッフについて検討する必要がある。以下、順に留意点を含めながら述べていく。

1 | 場所の設定

　介護教室は、企画・運営者が誰を対象にどのような内容で開催するかによって、開催場所を選ぶのが理想であろう。例えば、「カフェのようなスタイルで講義というより、地域の人の交流を大切にしたい」「机があるので、講義をしっかり聞いてもらいたい」「実施回ごとで形式を変え、バラエティに富んだ設定が行える場所」など、目的に応じた場所の選定が望ましい。多くの企画・運営者は、ある程度の人が収容できるスペースの確保、多くの人の参加利便性を優先して場所を選定するのではないだろうか。もしくは、場所ありきかもしれない。はじめから、開催場所が決まっていて、プログラム内容の検討や準備に取り掛かるといった状況が多いのではないだろうか。文献やインターネットを通じ、すでに介護教室を開催している場所を調べてみると、施設や地域包括支援センターなど市町村の中心的な場所や交通の便が確保されているような、開催しやすい場所で実施されている傾向がある。

　また、国立長寿医療研究センターもの忘れセンター（以下、当センター）が2015（平成27）年度に実施した、愛知県内の認知症家族介護教室実施状況の調査結果では、介護教室の開催にあたり、「一回一回場所を変えている」「医師からの講義では多くの参加者が見込まれるので、少し大きな場所をセレクトしている」「遠くて街中まで出られない人のために、集落や自治会単位でミニサロンを開設する」「複数の施設で開催を予定し、開催場所をローテーションで回す」「地元企業や開催機関の協力を得て、会場までの送迎を実施する」など、開催場所の選定・設定にかかわるさまざまな工夫のされていることが明らかになった。

　さらに当センターが2016（平成28）年度に実施した、介護教室等の企画者・運営者向け研修会で行ったアンケートにおいても、場所の選定ポイントとして、交通の利

便性、駐車場のスペースがある、わかりやすい立地など、物理的な側面をあげる回答が確認された。

　大多数の人が参加しやすい場所を優先するのか、物理的に行きづらさをもつ可能性がある参加候補者を視野に入れて開催回数も含めて、場所を選定するのか、介護教室等の企画・運営者の悩みどころであろう。開催場所を決めるには、試行的に実施した介護教室等で、場所に関する意見をヒアリングしたり、開催を予定しているエリアで参加候補者にかかわっている専門職（ケアマネジャー等）に意見を求めたりするのもよいだろう。市町村合併で、参加候補者が中山間地域や街中に分散している地域も多くあるだろう。そのような場合は、巡回して活動を実施したり、参加人数が少なかったとしても開催場所を複数箇所設けることも必要だろう。しかし、都市部で、ある程度の交通の利便性が確保されている場合、活動を地域に根づかせるうえで、頻回に場所を変えることが裏目に出る場合もあり得る。

　以上により、開催場所の選定は、参加者（候補者を含む）のニーズ、地域事情を考慮することが重要である。

2 ｜ 時間の設定

　介護教室や認知症カフェなど、活動に参加する家族介護者は、自身の仕事や利用中の介護サービスの都合など、さまざまな事情を抱えており、思うとおりの参加がかなわない場合が想定される。ここでは、介護教室開催にあたり、当センターで行っている工夫を紹介する。

1　通所系サービスの利用時間の考慮

　当センターの介護教室は、通所系サービス（デイケア、デイサービス）を利用している要介護者の送迎時間までに家族介護者が帰宅できるよう、開催時間を13時30分～15時としている。また、14時30分～15時は家族介護者同士のフリートークの時間としており、途中退室を可能にしている。実際、あらかじめ決められた介護教室の開催日に合わせて、通所系サービスを利用できるように調整した家族介護者もいた。

2　参加する家族は家族内で交代可能

　認知症の人を支える家族介護者は、家族内で1人とは限らない。例えば、配偶者（夫）を介護する妻が主介護者で、息子も同居し、介護を手伝っているとする。この場合、必ずしも妻が毎回参加しなければならないわけではなく、都合がつけば息子が一緒に参加することもできるようにした。また、妻の都合がつかないときに、息子が代わりに参加することも可能とした。開催日に参加しやすい家族が参加し、介護教室で学んだことを参加できなかった家族との間で共有することも1つの方法である。

3｜資金の確保

　活動を実施するためには、まずは資金計画の作成と資金繰りが重要な作業である。企画内容に合わせ、資金が必要な項目、必要な経費、調達先の検討が必要となる。当センターの介護教室は、1クール6回の講義を3か月間開講するプログラムを年に2回実施し、茶話会を年に2回開催したが、1年あたりおおよそ数万円の運営費を要した。最も多くを占めた経費は、参加者に出す茶菓子代であった。活動の内容によっては、行政による補助金、公的・民間団体や企業が主催する公募型活動費の申請によって、活動経費を調達する方法がある。また地元の企業の寄付、参加者から茶菓子代程度を徴収することで、活動経費を準備する方法もあるだろう。

　調達できる経費の規模と実施する活動の規模のバランスをいかに考えていくかが、非常に難しい部分である。必要最低限の経費で、活動の企画・運営者にとって無理なく、そして参加者のニーズに基づいた、質の高い活動を提供するためにどうすればよいのか。これは、活動の企画・運営を考えていくうえで、常についてまわる課題である。運営資金確保のための産官学連携も重要な視点である。

4｜運営スタッフの確保

　活動の担い手になる運営スタッフの確保について、2つの側面を検討する必要がある。まず、当面の運営スタッフや運営をサポートするスタッフの確保、そして、現

在の運営スタッフやサポートスタッフが異動、退職により活動に従事できなくなった場合の後進の確保である。後者は、「第7章 持続可能な活動のために」において詳細を記しているので、参考にしていただきたい。本項では、前者、「当面の運営スタッフや運営をサポートするスタッフの確保」について、述べていく。

1　企画・運営スタッフ確保の失敗

　当センターの介護教室の企画・運営は、10年前と現在とで様変わりしている。厳密にいえば、途中で体制を立て直したといったほうが正しいだろう。10年前は、医師（1名）、看護師（3名）で介護教室の企画・運営が実施されていた。当時の活動目標は、認知症治療が行われている機関で、介護教室を開催し続けることであった。診療の場面では、家族介護者までケアすることは難しい。そのため、認知症の人の治療と並行して、家族介護者に対し、認知症やケアに対する正しい知識の提供及び心理的ケアを集団形式で実施することで、ともに治療に参画する動機づけをねらいとしていたのである。しかし、当時の参加者のニーズを知るためのアンケート調査の項目は、総合的な参加満足度を問うもののみであり、プログラム内容の再考、家族介護者の何に効果的な活動なのか、数的にも質的にも明らかにできない内容であった。これでは、活動が惰性的になってしまう。

　また、介護教室の企画・運営スタッフには異動、退職がつきものであり、そのたびに、過去の担当者が何を実施していたのか、全くわからず、配属先の都合で介護教室の企画・運営スタッフになった者が、新たに介護教室の企画・運営のための準備を手探りではじめるという非効率が発生していた。同じような状況は、おそらく多くの地域で発生していることであろう。このような失敗を教訓にいうならば、いつ何時、誰が企画・運営スタッフになっても困らないように、企画・運営に従事しているスタッフが、「マニュアル」様のものを残しておく必要がある。マニュアル様のもののなかには、開催期間に相応しいタイムスケジュール、企画から運営に至るまで実施すべき事項と留意点、そのとき実施した活動の概要と結果を残しておくと、引き継いだ者は、自らが何をすべきか、おおよその見当がつくだろう。

2　新しい企画・運営スタッフの体制

　そして前述の反省をもとに5年前より当センターは、介護教室の企画・運営を大きくシフトチェンジさせた。介護教室で提供するプログラムを「心理社会的プログラ

ム」と定義し、参加者のニーズと充足状況、プログラム提供後の参加者の行動・意識変容を検証することで、プログラム提供による効果測定を実施する研究を導入した。参加者の声を取り入れて、プログラムのブラッシュアップを図る、まさに参加者主体の介護教室を企画・運営するため、介護教室の企画・運営体制を刷新したのである。その結果、介護教室の企画・運営スタッフは、医師・看護師・ソーシャルワーカーが担い、企画・運営者をサポートするスタッフを設けることにした。当センターでは、企画・運営者のサポートスタッフ（以下、サポートスタッフ）は、看護師と研究補助員が担っている。看護師のサポートスタッフとして、認知症看護開発チームに所属する看護師、認知症の人の入院が多い病棟の看護師が従事している。事前に、介護教室のサポートスタッフとして従事するために、介護教室の企画・運営者による教育的支援を実施している（第7章第2節参照）。当センターの場合は、活動の企画・運営実施機関のなかでスタッフを確保できたり、機関の大勢の職員に、「スタッフに適した人を探している」という情報を伝えることで、迅速にかつ効率的に人選できたりと、スタッフの確保の点でも非常に恵まれている。

　では、地域での活動の場合は、どうすべきなのか。

3　効率的な企画・運営スタッフの確保

　地域で実施する介護教室や認知症カフェをはじめとした諸活動では、その企画・運営をたった1名のスタッフで担う必要が出てくるだろう。場合によっては、企画までは別の担当者が実施し、運営は別の担当者に依頼するというようなこともあり、運営スタッフの担い手がみつからない場合も考えられる。当面の運営スタッフがみつかるまで、やむを得ず、企画担当者が運営スタッフ役を担う場合もあり得るだろう。専門職が、地域の活動の企画・運営を担うならば、認知症地域支援推進員[*2]を中心に、

＊2　認知症地域支援推進員

　認知症の医療や介護の専門的知識及び経験を有する医師、保健師、看護師、作業療法士、歯科衛生士、精神保健福祉士、社会福祉士、介護福祉士もしくは認知症の医療や介護の専門的知識及び経験を有すると市町村が認めた者である。
　地域包括支援センター、市町村、認知症疾患医療センター等に配置され、次のような役割を担っている。
① 医療や介護などの支援ネットワークづくり
② 認知症対応力向上のための支援（「認知症カフェ」「家族教室」の運営などを担う）
③ 相談支援

認知症を診る医療機関の地域連携部門や相談支援部門スタッフ（退院調整看護師、MSW等）、地域包括支援センターや居宅介護支援事業所の職員（ケアマネジャー等）、介護や高齢福祉領域を担う市町村行政担当者、社会福祉協議会のコミュニティソーシャルワークを実践する担当者、通所系サービス提供機関（デイサービス、デイケア）のスタッフ（相談員、介護福祉士、リハビリスタッフ等）が考えられる。ここにあげた職種は、別に本来業務、つまり機関に所属する専門職として優先して実施すべき業務がある。地域の活動の企画・運営を担うことは、さらに業務を追加することにもなる。ある特定の人だけが過重業務にならないようにするしくみが重要である。それは、常に、活動・企画の運営スタッフやサポートスタッフになり得る人材をストックしていくことである。そのためには、活動・企画の運営スタッフになった者が、自らの機関もしくは、（地域内の）他機関の関係者に、活動に従事できる人材の提供について協力を要請することが重要になる。そして、自らが所属する機関の上司や組織上層部には、活動の概要と計画（活動の趣旨や規模、必要経費等）を説明したうえで、ともに活動に従事する人材の確保を伝えていく必要があるだろう。根気よくはたらきかけた結果、活動の企画・運営もしくはサポートが付加業務として認められ、人員が配置されるようになったり、資金の目途がついているなら公募してもよいといった許可がでたりすることもあり得るだろう。活動の企画・運営スタッフの確保は、さまざまな人に根気よく協力を要請していく、一見回り道のような地道な努力が、最も効果的で迅速な方法だといえるのかもしれない。

【引用文献】

1) ドーン・ブルッカー、クレア・サー著、認知症介護研究・研修大府センター監『DCM（認知症ケアマッピング）理念と実践 8版 日本語版第4刷』15〜18頁、2015年
2) 水野裕『実践パーソン・センタード・ケア――認知症をもつ人たちの支援のために』ワールドプランニング、33〜40頁、2008年
3) Seike A, Sumigaki C, Takeda A, Endo H, Sakurai T, Toba K, 'Developing an interdisciplinary program of educational support for early-stage dementia patients and their family members: an investigation based on learning needs and attitude changes', *Geriatrics & Gerontology international*, 14 Suppl 2, pp.28〜34, 2014.
4) Seike A, Sakurai T, Sumigaki C, Takeda A, Endo H, Toba K, 'Verification of Educational Support Intervention for Family Caregivers of Persons with Dementia', Journal of the American Geriatrics Society, 64（3）, pp.661〜663, 2016.
5) 清家理・鳥羽研二・櫻井孝「認知症家族介護者教室・認知症カフェ等『認知症の人・家族介護者が集う場』の意義を問う」『臨床栄養』第13巻第7号、886〜888頁、2017年

第 3 章

家族向け認知症介護教室プログラムの実例

―国立長寿医療研究センター版

第3章　家族向け認知症介護教室プログラム実例―国立長寿医療研究センター版―

　前章までは、家族向け認知症介護教室（以下、介護教室）の企画のうち、特にプログラムを用いた介護教室の開催を想定し、手順を説明してきた。なかには、ゆっくり手順を読む暇がなく、「プログラムの概要、プログラムコンテンツ（内容）の講義ポイントだけを知りたい」という読者もいるだろう。本章では、国立長寿医療研究センターもの忘れセンター（以下、当センター）の介護教室で用いたプログラムの概要と各コンテンツの講義ポイントを例示する。読者の現場の状況や参加者のニーズに合わせて、例示するプログラムコンテンツを取捨選択する等、プログラム立案の参考にしていただきたい。

第 ① 節　プログラム概要

　前章では、国立長寿医療研究センターもの忘れセンター（以下、当センター）の家族向け認知症介護教室（以下、介護教室）プログラムとして、参加者のニーズに基づき作成したプログラム（図2-1A）と、その後、さらに参加者のアンケート結果に基づきプログラムの再構成を図ったプログラム（表2-4）を紹介した。２つのプログラムの位置づけは、図3-1のとおりである。

　当センターの場合、運営スタッフの多さ、通院する認知症の人と家族介護者の多様性から、図3-1のとおり、認知症の重症度で分けた２つの介護教室を開催した。しかし、それぞれの地域の事情によっては、当センターの形式が合わない場合もあり得る。重要なことは、開催する介護教室が、極力参加者のニーズに合致するものであること、同時に、企画・運営スタッフが無理なく実施できる介護教室の開催をこころがけることである。本書で例示したプログラムスタイルにこだわるのではなく、内容を取捨選択しながら、目的・目標に応じたプログラム案をつくり、運用にこぎつけていただきたい。

　次項では、より具体的に、認知症の医療・ケアにかかわる専門職によるプログラムを例示する。そのため、図2-1、表2-4で示した２つのプログラム内容のうち、医学、ケア、心理、社会福祉領域を取り上げ、講義のねらいやポイント、参加者への対応上の留意点を述べる。

図3-1　認知症の人及び家族介護者を対象とした心理社会的プログラムの全体像

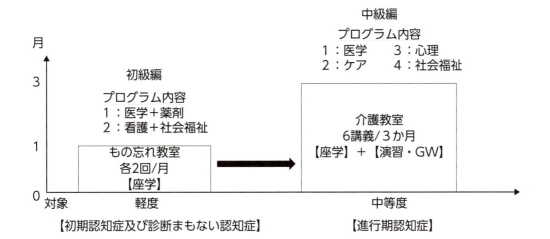

第2節 プログラム活用の手引き

1 医学領域

　国立長寿医療研究センターもの忘れセンター（以下、当センター）では、もの忘れ外来の医師が講義を担当している。まず、初期認知症の人（以下、本人）や家族に講義する場合のポイントをあげる。強調して伝えている点は、認知症の有病率が高齢者の約15％であり、もはや認知症がまれな病気ではないということである（図3-2）。認知症の原因はさまざまであり、検査をし、正確な診断を受け、継続して受診することが大切である。加えて、認知症の正しい知識を得て、本人及び家族が主体的に治療やケアに向き合うことの大切さを伝えている。認知症と診断されても、悲観的になるのではなく、医療者とともに治療にのぞんで欲しい旨を伝えている。

　講義対象が、進行期にある認知症の人の家族介護者の場合、行動・心理症状（BPSD）の出現に伴う介護上の困りごとの増加が想定される。そこで講義は、困りごとの解決につながるような内容にしている。具体的には、BPSDは、身体的、精神的、

図3-2 認知症有病率

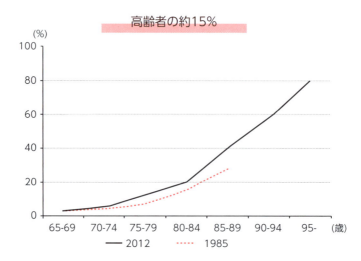

厚生労働省班研究による有病率を国立社会保障・人口問題研究所による高齢者人口（12年）に当てはめて推計
出典：国立長寿医療研究センターもの忘れセンター編『明日晴れますように』7頁、2016年

環境的要因が引き金になって起こること、環境要因を調整しても改善がみられない場合は、薬物療法を検討する必要があるため主治医に相談して欲しい旨を話している（図3-3）。また、認知症の病期によって起こる認知障害やそれに伴う生活障害、BPSD、老年症候群等の身体的な問題を解説し、家族介護者が、認知症の進行に対する心構えができるようにしている。認知症の医療とケアの目的は、「認知障害の進行を遅らせ、生活機能を維持して自宅で穏やかに過ごす」ことであり、そのためには認知症以外の病気、BPSDや老年症候群への対応、生活障害への支援が必要であることを伝えている（図3-4）。

　講義にあたっては、医学的な専門用語を多用しないように注意している。専門用語を用いる場合でも、必ず注釈を加え、家族の理解を損なわないようにしている。多くの場合、認知症の人や家族は医師に対する遠慮や心理的な距離感をもっている。そのため、話す際は表情や口調などに注意し、心理的な距離感を少しでも縮めることができるよう配慮している。また、認知症についての疑問、不明点を解決できるように講義終了後、質疑応答の時間を十分にとるようにしている。たいていの場合、最初の質問が出るまでに時間がかかることが多いので、講義中に頻回にうなずきをみせている、何度も視線が合う、話をしたい素振りをしている参加者に対し、水を向けるようにしている。最初の質問が出てくると、その後は、次々と質問が出てくることもあ

図3-3 認知症への適切な対応

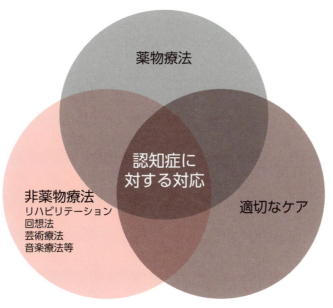

出典：国立長寿医療研究センターもの忘れセンター編『明日晴れますように』14頁、2016年

図3-4 認知症の医療とケアの目的

| 健常 | 軽度認知障害 | 認知症 |

生活の支援
薬物療法・非薬物療法
行動・心理症状（BPSD）
老年症候群
介護負担の軽減
本人の尊重

運動と栄養管理
社会参加

認知障害の進行を遅らせ、生活機能を維持して穏やかに暮らす

出典：国立長寿医療研究センターもの忘れセンター編『明日晴れますように』24頁、2016年を一部改変

る。講義実施者が質問を歓迎する姿勢をみせることが重要である。認知症の診断や治療方針に関するセカンドオピニオンに類するような質問もあるが、主治医の方針をすべて否定するのではなく、主治医の説明や治療を補完する態度に徹する。

　医師が講義を担当する利点は、最新の正しい情報を本人や家族介護者に提供できることである。インターネットや口コミで多くの情報が氾濫しており、誤った情報に振り回されることがないよう、情報の取捨選択が必要であることを本人、家族介護者に伝えている。また、診察時に認知症と診断を受けた際、本人、家族介護者に疾患の説明が十分になされていなかったり、本人が同席していると家族介護者が質問をしにくい場合がある。介護教室に参加することで、診察以外の場で医師から認知症の知識が得られるという点でも、介護教室開催は有効だろう。本人、家族介護者が認知症の正しい知識をもち、医療者とともに治療にのぞむ姿勢を醸成するきっかけづくりが、医師が講義を行う最大の利点である。

2 ｜ ケア領域

1　講義目的

　介護教室や認知症カフェなどに参加する家族介護者像は多様であるが、往々にして葛藤を抱えている場合が多い。その葛藤の原因や解決策がみえるようでみえない場合や、何となく答えや救いを求めて参加している場合もある。特に、「認知症」と診断された事実を受け止めたくない、認知症のBPSD（同じことを何度も言う、何もせずじっとしている、夜間にずっと起き続けて寝ないなど）に対する怒りや戸惑い、親族や近隣に「認知症の人の存在」を知られたくない、これらの思いは特に葛藤の原因になることが多い[1]。家族介護者は、自らが介護している人の「認知症になる前の姿」を知っているからこそ、「なぜ」「どうして」と自分を責めたり、現在を嘆いたりと、「自分を追いつめる自問自答」を繰り返しがちである。

　家族介護者が、「自分を追いつめる自問自答」をリセットしない限り、心身の疲弊は増加し、認知症の人に対しても悪影響を与えてしまう。このような悪循環は、専門職であれば、容易に想像できるかもしれない。しかし、家族介護者は、心身が疲弊していることにさえ気づいていない可能性がある。目の前の介護に必死で、なかには、子育て、就労、他の親族の介護など、複数の役割や負担を抱えている可能性もある。だからこそ、認知症の人の介護をめぐる、「自分を追いつめる自問自答」をリセットする方法をわかりやすく伝える必要がある。

　そこでケア領域のプログラムでは、看護師による講義と参加者同士の介護体験に基づく演習を導入し、①認知症の人と家族介護者の気持ちを大切にする方法、②認知症の症状に応じた対応方法の習得を目的とした。以下では、講義や演習を進めていくうえでの留意点にふれながら、家族介護者へのアプローチや介護事例の提示方法などについて、実例に基づき説明している。

2 講義の進め方

① 認知症の人と家族介護者の気持ちを大切にする方法

i 講義ポイント

　認知症の人と家族介護者の気持ちを大切にするには、「認知症の人」及び「家族介護者」を理解することが必要である。しかし、講義で、「認知症の人を理解して、対応しましょう」「本人の立場に立って、気持ちを想像してみましょう」と一足飛びに説明したとしても、おそらく、「理解するには、どうすればよいのか」「私の気持ちをまず理解してほしいぐらいなのに、そんな余裕はない」と、家族介護者の反発を招くだろう。

　ここで大切なことは、家族介護者の認知症の人に対する思いの「盲点」に気づいてもらうことである。「認知症」と診断された事実、または、強いBPSDによって、認知症の人に対する介護の負担が家族介護者の許容を超えてしまったときを境に、認知症の人が、「人」ではない、それまでの人格とは別の人格を有する「者」として、特別視してしまう対象になっていないかという点である。つまり、認知症という「脳疾患」だけに着目してしまい、家族介護者同様、喜怒哀楽のある「人」であることを忘れてしまう盲点である。これらのことを伝える際には、抽象的な話は避け、家族介護者が自らに置き換えて、考えながら聞けるような「たとえ話」を多用している。以下、具体例を示す。

> 　初めての場所に行く、初めての体験をするとき、「ドキドキ」「ワクワク」など、気分の高揚を感じる者もいれば、「大丈夫かな」「うまくできるかな」と不安を感じる者もいるだろう。このような感覚は、誰もが経験するものである。家族介護者も、見ず知らずの人ばかりがいる介護教室や認知症カフェに初めて参加する場合、「どんな出会いがあるのか」という期待と、「仲間外れにされないかな」「みんなの前でうまく話せるかな」という不安の、相反する思いを抱くだろう。認知症の人も、同じである。
> 　認知症の人は、記憶障害の進行に伴い、そのつど、出来事が真っさらになっていく。その結果、その出来事に対して、毎回、「何が起こるか」という楽しみを覚えることもあれば、「大丈夫かな」「やれるかな」という不安や混乱に苛まれる場合もあるだろう。

　以上のような「たとえ話」を通じ、認知症の人が抱く思いと、家族介護者が抱く

思いは、特別な違いはなく、同じであることを説明している。『認知症の』人ではなく、認知症の『人』としてとらえ、『人』に『重きを置いた』対応をしていく（図3-5）。そのうえで、認知症の症状に伴う、感情や行動の障害を正しく知り、障害によって当人が感じるだろう思いをくみ取って対応していくことの必要性を説明している。以上のような対応を通じ、認知症の人の心身の状態が安定することで、家族介護者の心身の状態も安定する、または、その逆もあり得る──つまり、双方が合わせ鏡のような状況であり、よい意味でも悪い意味でも、互いに影響し合うことも伝えている（図3-6）。

このような説明を家族介護者の反応をみながら段階的に実施する方法もあれば、認知症の人に対応する際の1つの考え方・理念である、「パーソン・センタード・ケア」を用いて、説明する方法もある。パーソン・センタード・ケアとは、「その人を取り巻く人々や社会とのかかわりを続けることができるように、また人として受け入れられ尊重されていると実感できるように、共におこなっていくケア」とされている[2]。パーソン・センタード・ケアでは、本来の人間らしさを大切にしながら、かかわることが求められる。「本来の人間らしさ」を大切にするために、認知症の人に与える要因（図3-7）と認知症の人の心理的ニーズ（図3-8）を説明し、人として当然のごとく心理的ニーズが満たされていくように、認知症の人へのかかわり方を考えていくよう説明している。

図3-5　認知症の『人』をみる

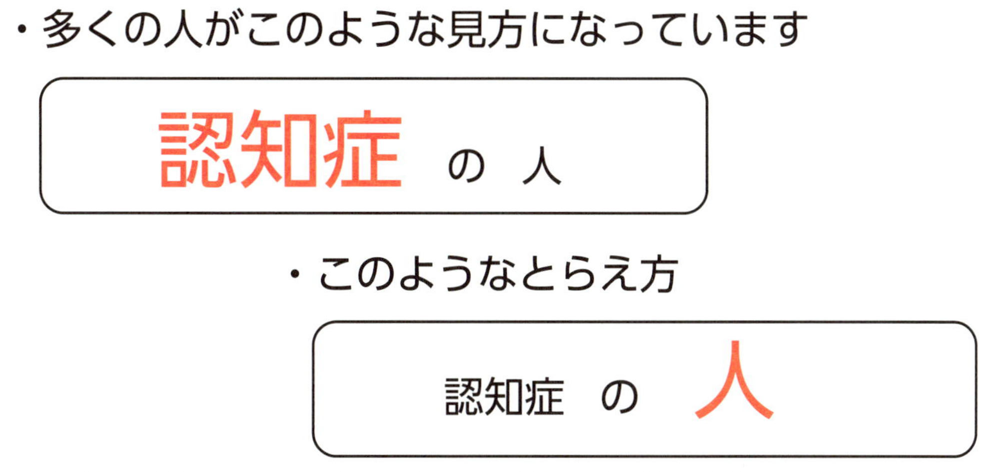

・多くの人がこのような見方になっています

　　　　認知症　の　人

・このようなとらえ方

　　　　認知症　の　人

出典：水野裕『実践パーソン・センタード・ケア──認知症をもつ人たちの支援のために』ワールドプランニング、34頁、2008年を一部改変

図3-6 認知症の人と家族介護者の気持ちや行動

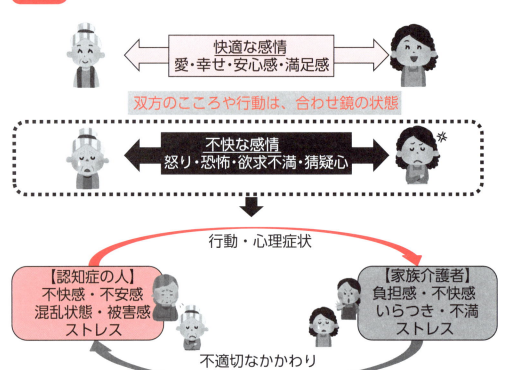

出典：認知症介護研究・研修東京センター「ひもときシートのポイント（認知症ケア高度化推進事業）」を一部改変

図3-7 認知症の人に影響を与える要因

① 脳の障害（認知症による障害）
② 身体の健康状態（感覚機能：視覚・聴覚なども含む）
③ 生活歴
④ 性格傾向：気質、能力、対処スタイル
⑤ 社会心理（人とのつながり、関係）

出典：ドーン・ブルッカー、クレア・サー著、認知症介護研究・研修大府センター監『DCM（認知症ケアマッピング）理念と実践 8版 日本語版第2刷』15〜18頁、2012年を一部改変

図3-8 認知症の人の心理的ニーズ

出典：「Ⅱ パーソン・センタード・ケアの理解」⑨、『「パーソン・センタード・ケア」の視点を活かしたご本人と介護家族のための「大府センター式」コミュニケーションパック 完成版』認知症介護研究・研修大府センター、2009年を一部改変

くつろぎ（やすらぎ）：心身共に緊張がなく、リラックスしている状態のことで、身体の不調がないこと、自分のペースでゆったりと過ごすことができる状態。
アイデンティティー：過去の自分と現在の自分がつながっているという感覚のこと（自分が自分であること）で、周囲のかかわりにより本来の自分を再認識できたり、昔と変わらない役割を果たせていると感じること。
愛着・結びつき：大切にしているものをもち続けること、なじみの人と関係をもち続けることなど、慣れ親しんだものや人が身の回りにあること、つながっていること。
たずさわること：その人にとって意味のあるやり方で、活動にかかわっていること。役割をもち続けることや、自分がやりたいと思った行動を中断されることなく行うことのできる状態。
共にあること：人とのつながりを実感していることであり、他者と一緒に何かをすることや、ただ「きれい」「いいにおい」などの感覚を共有しながら過ごすことでも満たされる。

出典：「Ⅱ パーソン・センタード・ケアの理解」⑩～⑭、『「パーソン・センタード・ケア」の視点を活かしたご本人と介護家族のための「大府センター式」コミュニケーションパック 完成版』認知症介護研究・研修大府センター、2009年を一部改変

　認知症の人と家族介護者の心身の状態は合わせ鏡のような状況であり、よい意味でも悪い意味でも、互いに影響し合うことを伝えている（図3-6）。そのうえで、より具体的に、認知症の『人』に『重きを置いた』対応、言い換えればパーソン・センタード・ケアの視点で認知症の人の言葉や行動、その対応を考えていく時間を設けた（図3-8）。理念や概念の説明に終始してしまうと、介護上の悩みを聴いてほしい、もしくは悩みに対する答えをほしいと思っている家族介護者にとって、講義がニーズに

合わないストレスフルな時間になってしまう。そうならないよう、家族介護者が介護で困っている事例を質問形式で出してもらう、または家族介護者が対応に困りやすい事例を示しながら、参加者全員で考えていく時間も積極的につくっている。このような機会を通じ、他の家族介護者の体験や思いを共有することができ、悩みを抱えているのが自分だけではないことを知ることができ、家族介護者のこころのケアにもつながる。

ii 具体的な講義例

ここからは、「何度も同じことを聞く」という認知症の人の言動に困っている家族介護者の事例を通じ、どのように講義を進めていくか例示する。

> 【事例】
> Aさん（78歳・男性、アルツハイマー型認知症、診断後3年経過）の介護をして、約3年のBさん（70歳・女性）には子どもがいないので、1人で介護をしています。Aさんは1人で留守番はできますが、最近さらに短期記憶障害が悪化しています。Bさんは昼から、友達とランチに行く予定にしていました。Aさんには朝食のときに、「今日、私は、お友達とランチに行ってくるから、留守番お願いね。勝手に出かけないでね」と説明しました。Aさんは、「わかったよ、行っておいで」と言ってくれました。
> しかし、朝食後10分おきに、「今日、どこかに行くんだった？」「今日、いつ帰ってくるんだ？」「今日、どこに行くんだ？」と何度もBさんの予定を確認し、Bさんは出かける準備が全くできず、ランチの約束をキャンセルしてしまいました。

事例は介護教室の参加者から出してもらっても、専門職から提示してもよい。事例に対し、「認知症の人の気持ち、家族介護者の気持ち、それぞれについて考えてみましょう」と参加者に投げかけてみる。意見が出ないときは、講義担当者から、さらに投げかけをしてもよいだろう。例えば、「Aさんは、Bさんの予定をなぜ何度も確認したと思いますか？」「何度も予定を確認しているときのAさんの気持ちは、どのようなものだったと思いますか？」と、もう少し踏み込んだ投げかけである。さまざまな意見が出されたところで、参加者の何人かに意見を述べてもらったり、グループで出た意見を発表してもらったりするのもよいだろう。その後、出された意見を集約し、専門職からみて、すぐに介護に活用できそうな点、少し改善を加えたらよい点などをアドバイスしていくとよい。

ここでの講義のポイントは、認知症の人の内面の葛藤についてふれることである。具体的には、Aさんが「Bさんの予定を覚えておかなきゃ、忘れてはいけない」（できる、覚えたい）という思いと、「覚えることに自信がない」「忘れたらどうしよう」「Bさんがいない時間…大丈夫かな」（できない、覚えられないかもしれないという現実）という思いをもち、葛藤しているという点である。そして、この葛藤が、不安や混乱につながり、家族介護者に何度も予定を確認するという言動につながっている点である。

　一方、家族介護者の気持ちについてふれることも忘れてはならない。おそらく参加者からは、「私も同じようなことがあった」「予約をキャンセルまでしなくてもよかった」等、自己の体験に基づく、さまざまな意見が出される部分である。ある程度の時間を設けて、参加者同士で多くを語ってもらうとよい。ストレスマネジメントにもつながる。

　もう１点の講義のポイントは、認知症の人と同様に家族介護者も葛藤を抱えることである。具体的には、「予定を覚えていてほしい」（願望）という思いと、「何度も説明しているのにわかってもらえない」「なぜこんな状態になってしまったのだろう」（現実）という思いから、葛藤が生じるという点である。この葛藤は、家族介護者の混乱や怒りにつながる。そして次第に、「さっきも言ったでしょ」「また忘れて」といったように、認知症の人が忘れてしまっていることを指摘したり、咎めたりする言葉を投げ放ってしまいがちである。このような言葉をかけてしまう家族介護者の気持ちにも理解を示しつつ、一方では、ただでさえ不安を抱えている認知症の人のこころを傷つけてしまうことになり、自尊感情の低下、そしてBPSDの悪化につながる可能性が高くなることも説明していく。

　そして、事例検討の最後には、Aさんに対し、どのような対応方法がよいか、参加者と一緒に考える時間を設けるとよいだろう。同じような事例でうまく対応した参加者の経験を話してもらうことも有効である。専門職からは、「認知症の人、家族みんなが見る大きな文字のカレンダーに、認知症の人の予定だけを書いておく」「一度にたくさんの情報を伝えるのではなく、短い言葉で１つの情報だけメモに記す」等、すぐにでも実践できそうなケア方法をアドバイスするのもよい。

　さまざまな悩みだけではなく、参加者の経験を通じた「知恵」もある。介護教室などで事例検討を行う際には、悩みや経験を自由に伝え合う機会を設けると、参加者にとって有益な情報を得る場になる。そして、講義で伝えた考え方を実際の介護場面に落とし込み、使えるケア知識・技術に展開していけるように、相互交流をナビゲートしていくことが、講義を実施する者にとって重要な役割である。

② 認知症の症状に応じた対応方法の習得

ⅰ 講義ポイント

　介護教室や認知症カフェなどの場で、話題にあがるのは、認知症の状態とそれに伴う介護状況、介護上の悩みであろう。参加者は、単に誰かに話してスッキリしたい場合もあれば、何かよいアイデアがないかと、答えを模索している場合もある。そのため、認知症の症状に応じた対応方法に関する講義は、非常に盛り上がりをみせることが多い。一方で、講義を実施する講師のマネジメント力が問われる部分でもある。

　当センターの場合、初期認知症の人の家族介護者が有していたケアに関するニーズは、「薬の飲み忘れを防ぐ方法を教えてほしい」「認知症の予防方法を知りたい」「進行予防のためにこころがけたらよいことを教えてほしい」であった。また進行期の認知症の人の家族介護者が有していたケアニーズは、「認知症の人の行動・心理症状（BPSD）（例：何もせずにじっとしている、夜に寝ない、勝手に家の外へ出ていく）への対応方法を知りたい」「認知症の人に怒ってしまう自分をどうすればよいのか」「認知症の人が通所系サービスの利用を拒否するので何か改善策を教えてほしい」等が主なものであった。

　すべての家族介護者のニーズに応えることは難しいが、少しでも家族介護者のニーズに即した講義を提供するために、介護教室の初回もしくは２回目頃を目安にアンケートを通じて、「現在の介護で困っていること（事例）」「認知症の人の対応で学びたいこと」を記載してもらい、テーマを検討する。具体的には、最も多く出された介護上の困っていること、学びたいことを中心に、参加者の属性、認知症の重症度と関連するBPSDを合わせて検討し、提示する事例を決定する。参加者に提示する事例は、ほぼ実例に近い（名前など個人が特定できる情報は若干改変）形で提供し、認知症の症状に応じた対応についてグループワークを通じた学習の機会を提供している。

　次項では、事例を用いたグループワークの実例について述べる。

ⅱ 具体的な講義例

　薬物療法のように、明確なエビデンスがあれば、医師の指示に基づき、投与される薬の種類、量、服用時間が決まり、それに応じた対応をすれば大きな問題はない。しかし、ケアは薬物療法のように明確な答えが存在しない。認知症の人、家族それぞれに思い、パーソナリティー、生活背景があるため、時々で双方のニーズは様変わりする。そのうえ、認知症の人に、認知症の症状に伴う感情や行動の障害、そして生活

のしづらさが出現すると、家族は、「認知症」の症状ばかりに目を向けてしまい、「人」であることを忘れがちになってしまう。

認知症の人を「人」として理解することの大切さについて、具体例を用いて学習した後は、学びをより実践的な介護に活かす方法を伝える必要がある。概念や理論の説明では、家族介護者の「具体的な対応方法を知りたい」というニーズの回答には、なり得ない。実際に直面している、対応の困難感をどのように解消すればよいのか、解決策を見つけ出すための、具体的な考え方のプロセスを提示することが重要になる。それには、この点について何種類かの方法がある。例えば、どのような観点で現状と課題を整理したらよいのか、専門職が事例分析で用いる「アセスメント」項目をアレンジして提示する方法がある。

また、もう1つの方法として、当センターでは、アレンジ版の「ひもときシート」(図3-9)を活用している。事例分析をし、最後に、具体的な解決策を参加者全員で提示し合う方法である。以下に具体例を示す。

図3-9 国立長寿医療研究センター介護教室の演習シート―アレンジ版「ひもときシート」

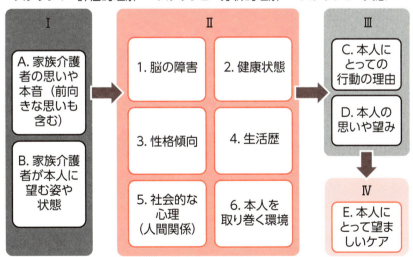

注1：本演習シートは、使いやすさを重視し、項目を少なくしたアレンジ版である。
　2：アレンジにあたっては、認知症介護・研修東京センター（『ひもときシート』ワーキングチーム委員会）の許可を得ている。
出典：国立長寿医療研究センターもの忘れセンター編『あした晴れますように』74頁、2016年

> **【事例】介護拒否の事例**
>
> 　Cさん（75歳、女性、アルツハイマー型認知症、診断後5年経過）の主たる介護者は、義理の娘さんのDさん（50歳、女性）です。Cさんは、デイサービスを週3回利用中です。デイサービスで入浴サービスを受けていますが、食事の食べこぼしや排泄の失敗が多いため、デイサービスに通っていない日にもDさんの介助で、自宅で入浴をしています。
>
> 　しかし、この1週間近く、Cさんは入浴を強く拒否します。Dさんが「一緒に入るし、今日は、バラの花びらも浮かべたりするから、気持ちいいお湯よ」と声をかけても、「今日は寒いから、あなた一人で入って」と入浴を拒否しました。
>
> 　Dさんは怒らないように、「風邪もひいていないし、熱もないので入りましょう」と根気よく誘いますが、Cさんは頑なに拒否します。Dさんは、だんだん「お風呂に何としてでも入らせたい！」と強く思い、「今日は、散歩に出かけて汗もかいたし、汗のにおいでみんなに嫌がられてしまうよ」と伝え、Cさんの腕を引っ張って、お風呂場に連れていこうとしました。
>
> 　とうとうCさんは、「今日は寒いから入りたくないって、言っているでしょう!!　もう私をそっとしておいて!!」と怒って、泣き出してしまいました。

　この事例を提示し、参加者に「入浴を嫌がるCさんに対して、どのような対応が望ましいと思いますか？」という投げかけをする。その際、家族介護者の思うように進まず、認知症の人と押問答になるような場面、例えば、食事を自分で食べてほしいとき、通所系サービスの迎えの車に搭乗してほしいとき、リハビリパンツを着用してほしいときなど、どうしていますかと問いかけてみるとよい。参加者は、「私にも同じようなことがあった」と自らの体験を振り返ることにもなり、意見を出しやすくなる。

　このように、事例検討を行う際は、参加者が疎外感を覚えないように注意を払う必要がある。最も早い段階で生じる疎外感は、提示された事例と自らの置かれている状況が異なると感じた家族介護者が、「私の場合と違うから、関係ない」と思い、事例検討に参加する気持ちをなくしてしまうことである。だからこそ、講義担当者は、類似するさまざまな場面を問いかける必要がある。

　日々の介護を通じ、さまざまな場面を経験している家族介護者は、「どのような対応が望ましいと思うか」という問いかけに対し、自らの体験を交えて、具体的な対応方法について自分の意見を述べることがある。出される意見は尊重すべきであるが、

プログラム活用の手引き　第2節

介護の場面では、予想外の事態が起こり得る。異なる状況に対し、家族介護者が混乱に陥ってしまわないように備えておくこと、対応できるスキルを身につけておくことが必要である。以上のような意図を家族介護者に説明しながら、介護上の課題が発生している「理由」について、多角的な状況整理（評価）を通じて理解し、家族介護者と認知症の人の思いをふまえ（共感）、課題の解決策を導き出すというプロセスを参加者とともに導く演習を実施した。このプロセスは、まさに、「ひもときシート」を埋めていくプロセスである。介護上の課題に対して、試行錯誤して結論が出ないまま、混乱に陥りがちな家族介護者に対し、思考プロセスを視覚化するのが「ひもときシート」である。

事例検討では、以下のような4つのプロセス（図3-10）で事例分析のグループワークを行い、意見交換をする場面を設けた。当センターでは、介護教室運営サポートを担う看護師がファシリテーターとして参加した。

その結果、「入浴を嫌がるCさんに対して、どのような対応が望ましいと思いますか？」という問いかけに対して、「今日の『湯』の加減が本当によいこと、いい香りがするお湯であることなどを伝えてみる」「足湯など、部分浴にしてみる」「Cさんの希望を聞き、いつだったら入りたいか、たずねてみる」など、多くの意見が出された。これらの意見を発表する際、参加者が、「Cさんの意欲や気持ちを大切にしないといけない」という理由を述べており、グループワーク2やグループワーク3の作業（図3-10）が活かされていることが考えられた。本グループワークの結果の一例（図3-11）を示したので、参考にしてもらいたい。シートを埋めるプロセス、参加者同士が交流すること、経験や介護感情を交換し、共感し合うことが重要である。

介護教室等の運営者のなかには、事例の提示に困る人もいるだろう。そのようなときは、市販されている、認知症の原因や症状、ケアなどをQ&Aの形でまとめた書籍★を参照し、収載されている設問（Q）を事例として取り上げ、参加者と一緒に考えてみるとよい。

★　例えば、当センターが編集を手がけた『患者さんとご家族から学ぶ 認知症なんでも相談室』メジカルビュー社、2014年など

図3-10 グループワーク

グループワーク1 （目安時間：10分）	・Dさんが困っていることは何だろう。Dさんは、Cさんに何を望んだのだろう。 ・Dさんは、Cさんに何を願っているのだろう。
グループワーク2 （目安時間：45分）	・Cさんが、入浴を嫌がり、怒って泣き出してしまった理由は何だろう。以下の点から考えてみよう。 　視点1：Cさんの脳の障害、障害に伴ってしづらくなっていることは何だろう。 　視点2：Cさんの健康状態とその影響は何だろう。 　視点3：Cさんの性格傾向から考えられることは何だろう。 　視点4：Cさんの生活歴から考えられることは何だろう。 　視点5：Cさんの社会的な心理（周囲の人のかかわり方や態度、Dさんを含む、全体的な人間関係）が影響していないか。影響しているなら、どんな部分だろう。 　視点6：Cさんを取り巻く環境（物理的及び感覚刺激的な居住環境、かかわり方など人的な環境）が影響していないか。影響しているなら、どんな部分だろう。
グループワーク3 （目安時間：10分）	・Cさんの思いや望みは何だろう。Cさんの行動の理由は何だろう。
グループワーク4 （目安時間：15分）	・Cさんにとって望ましいケアは何だろう。アイデアを出してみよう。

3 心理領域

　「認知症の人の思いがわからないからつらい」「同じことを何度も言ってくるので、だんだん腹が立って怒ってしまう自分が嫌だ」等、認知症の人に接する家族介護者の悩みはつきない。これらの悩みは、介護負担感の要因でもあるが、公的なサービスを利用したところで、すぐに解決できるものではない。いずれも、人と人とのかかわりのなかで発生する、戸惑い、怒り、悲しみなどの負の感情であり、介護に伴う負の感情との付き合い方、対処の仕方を身につけることが重要である。

　そこで心理学の講義では、認知症の人とかかわる場面を例示しながら、家族介護者が自らのこころ・からだの健康を得るセルフケア方法として「自らの感情反応を知ること（自己覚知）」、ここちよい人間関係を築くための「コミュニケーション技法の

図3-11 事例検討の結果

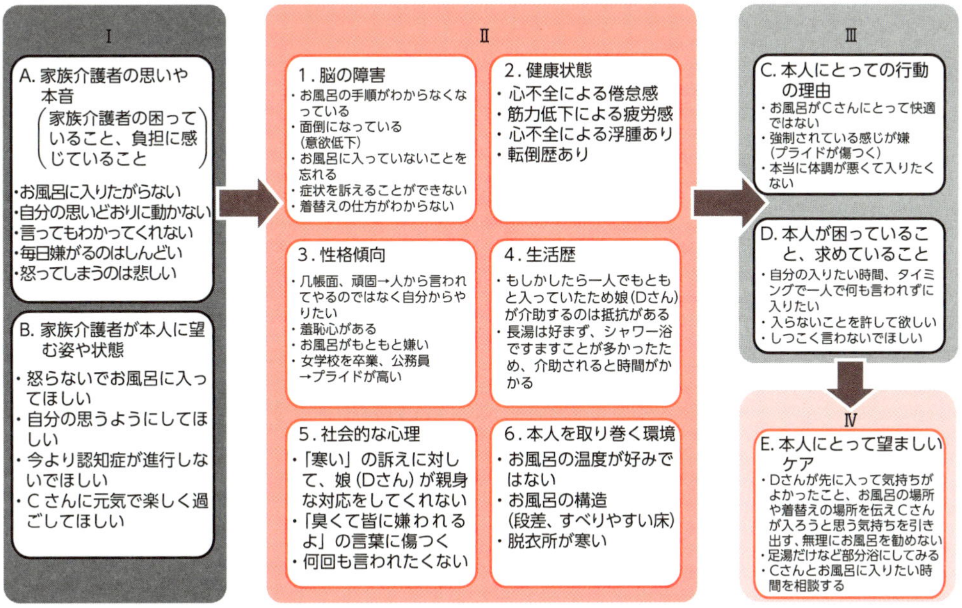

I

A. 家族介護者の思いや本音
（家族介護者の困っていること、負担に感じていること）
- お風呂に入りたがらない
- 自分の思いどおりに動かない
- 言ってもわかってくれない
- 毎日嫌がるのはしんどい
- 怒ってしまうのは悲しい

B. 家族介護者が本人に望む姿や状態
- 怒らないでお風呂に入ってほしい
- 自分の思うようにしてほしい
- 今より認知症が進行しないでほしい
- Cさんに元気で楽しく過ごしてほしい

II

1. 脳の障害
- お風呂の手順がわからなくなっている
- 面倒になっている（意欲低下）
- お風呂に入っていないことを忘れる
- 症状を訴えることができない
- 着替えの仕方がわからない

2. 健康状態
- 心不全による倦怠感
- 筋力低下による疲労感
- 心不全による浮腫あり
- 転倒歴あり

3. 性格傾向
- 几帳面、頑固→人から言われてやるのではなく自分からやりたい
- 羞恥心がある
- お風呂がもともと嫌い
- 女学校を卒業、公務員→プライドが高い

4. 生活歴
- もしかしたら一人でもともと入っていたため娘（Dさん）が介助するのは抵抗がある
- 長湯は好まず、シャワー浴ですますことが多かったため、介助されると時間がかかる

5. 社会的な心理
- 「寒い」の訴えに対して、娘（Dさん）が親身な対応をしてくれない
- 「臭くて皆に嫌われるよ」の言葉に傷つく
- 何回も言われたくない

6. 本人を取り巻く環境
- お風呂の温度が好みではない
- お風呂の構造（段差、すべりやすい床）
- 脱衣所が寒い

III

C. 本人にとっての行動の理由
- お風呂がCさんにとって快適ではない
- 強制されている感じが嫌（プライドが傷つく）
- 本当に体調が悪くて入りたくない

D. 本人が困っていること、求めていること
- 自分の入りたい時間、タイミングで一人で何も言われずに入りたい
- 入らないことを許して欲しい
- しつこく言わないでほしい

IV

E. 本人にとって望ましいケア
- Dさんが先に入って気持ちがよかったこと、お風呂の場所や着替えの場所を伝えCさんが入ろうと思う気持ちを引き出す、無理にお風呂を勧めない
- 足湯だけなど部分浴にしてみる
- Cさんとお風呂に入りたい時間を相談する

習得」を目的とした。

1 介護における感情反応を知る

　介護に限らず、生きているなかで思ったとおりに事が進まないとき、その状態を冷静に受け止めながら、前向きに対応していける場合と、「うまくいかないのは自分の実力がないからだ」「もう何もかもおしまいだ」と後ろ向きの気持ちに苛まれ、必要以上に自分を卑下し、落ち込んでしまう場合がある。後者の場合、「思ったとおりに事が進まない」（ストレッサー）を「自分の実力のなさが原因」というとらえ方の結果、自己卑下や落ち込みなど、「ネガティブなこころの変化」（ストレス反応）が生じる。この一連の流れを説明したうえで、自分自身がストレッサーのとらえ方を変えることで、ストレス反応の軽減が可能であることを伝えている。これは、認知行動療法のアプローチから発展させたストレスマネジメント方法の1つである[3]。当センターの介護教室では、家族介護者のこころ・からだの健康を得るセルフケア方法として、ストレスマネジメント教育の手法を導入している。

　認知症の介護では、介護者自身がストレッサーのとらえ方を変え、ストレス反応の軽減を図ることが非常に難しいと考えられる。ストレッサーが時間を問わず生じ、

内容は想定外のものであることが多いためである。しかも発生原因は、認知症の人のみならず、介護にかかわるあらゆる人と範囲が広い場合が多い。なかには、ストレス反応が生じていることでさえも感じられないほど、こころもからだも疲弊してしまっている場合もあり得るだろう。

確かに介護は、介護者自身のネガティブな反応ばかりではない。「今日、介護をしていたら、『ありがとう』と言ってくれた」「夕飯のときに、『今日、デイサービスで折り紙を教えてあげた』とうれしそうに話してくれた」等の語りが、家族介護者から出されるときも多々ある。このようなとき、家族介護者の表情には笑みがあふれており、ストレス反応は軽減されていると想定される。だからといって、「介護のなかで、『うれしかったこと、やりがいを感じたこと、よかったと思うこと』をたくさん探してください」というようなストレッサーへの対応方法を家族介護者に伝えることは、ポジティブな発想への転換を無理強いするだけであり、逆に、講義がストレッサーになりかねない。

まず家族介護者には、認知症の人の状況や感情がさまざまな変化をみせると同時に、対応する家族介護者の感情もさまざまな変化をみせるため、ポジティブな感情、ネガティブな感情が入り乱れて当然であると伝えることが大切である。そして、「介護の場面で起こっていること」と「家族介護者の気持ちの変化」を具体的に示しながら、家族介護者自身に、『こころの動き』に気づいてもらうこと、そして、抑うつなどの感情反応が、こころ・からだ・行動の変化に反映されて、出現していることを伝えている。

例えば、認知症の人の言動のうち、「認知症の人が何度も同じことをたずねてくる」「介護者の指示が全く理解できず、想定外の行動をとる」等がみられるとき、家族介護者は、最初は根気よく対応していても、しだいに「なぜわかってくれないのか」と認知症の人を責める気持ちや苛立ちが高じ、罵声や怒声をあびせてしまうこともあるだろう。一方では、家族に「介護を手伝ってほしい」と言い出せない、協力をお願いしても全く手伝ってくれない等、家族に対する遠慮や許せない気持ちを抱いてしまうこともあるだろう。また近隣住民からの、「認知症の介護は本当に大変ね」「認知症になってしまって、気の毒に」という哀れみのような言葉に、やるせなさや悔しさを感じることもあるだろう。

その結果、罪悪感に陥り、「やさしく接することができない自分が情けない」「自分には忍耐力がない」等、自分を卑下してしまいがちである。そして、「夜、眠れない」「全身がだるくて、何もやりたくない」「誰にも会いたくない」「生きていても仕方がない」等、抑うつが高まってしまう。

以上のように、介護のストレッサーから、ストレス反応に至る一連の流れを具体的に示しながら、最終的に家族介護者に伝えているメッセージは以下の3点である。

第1点目は、認知症の人、家族、近隣の人、専門職に対し、自分でも嫌になるようなネガティブな感情（憎しみ、怒り、いらだち、悲しみ、悔しさ）を抱えたとしても、感情動物である人間だからこそ感じる、当然のこころの反応なので、無理にふたをしないことである。第2点目は、ネガティブなこころの反応は、誰からも責められるものではないことである。第3点目は、こころの反応や、反応の原因は千差万別であり、どのようなときに、ネガティブな感情が生まれているか、その傾向を自分なりにキャッチし、自分で感情を扱いきれなくなってきたら早い段階で信頼できる人にSOSを出すことである。特に、第3点目の「どのようなときに、ネガティブな感情が生まれているか、その傾向を自分なりにキャッチする」方法として、自らの考え方の傾向を知る方法の1つである「エゴグラムテスト」を用いている。

以上3点のメッセージを家族介護者に伝え、グループワークにおいて、介護体験に基づく感情表出の機会を設けている。ここでは、家族介護者同士の感情の共有や共感など、相互交流に伴う心理支援が自然に行われている。相互交流の経験を通じ、自らの思いを表出することへの戸惑い、遠慮、罪悪感を少しでも軽減することも、心理学講義の目的である。

2　介護におけるコミュニケーション技法

誰もが他人と、「ここちよい関係」を築きたいと願う。ここちよい関係を築くには、「コミュニケーション」がうまく図れることが大切である。相手の意図をうまくキャッチし、キャッチしたことに対する反応を相手に返す、この双方向のやりとりのバランスがとれたとき、「良好なコミュニケーション」が成立する。コミュニケーションは、言葉によるもの、表情やしぐさによるもの（非言語メッセージ）で構成される。良好なコミュニケーションを図るには、相手の気持ちを理解し、寄り添うことが大切だと頭ではわかっていても、実践することは容易ではない。人はコミュニケーションでの失敗を重ねながら、時と場合に応じて、相手にかけるとよい言葉や非言語メッセージを学んでいく。当センターの介護教室でも、コミュニケーションにおける失敗体験を参加者で共有しながら、日々の介護ですぐに活用できるコミュニケーションスキルを学び合う機会を設定している。

認知症の人と家族介護者のコミュニケーションは、日によって、なかには時間によって、うまくいったり、ちぐはぐになったりしがちだ。特に、認知症の人の短期記

憶障害が悪化し、何度も同じことをたずねる場合、対応する家族介護者は、認知症の人の発言に対し、最初は、同じ返答を根気よく続けるだろう。

　例えば、認知症の人が、「財布はどこに置いたか、知っている？」とたずねたとする。家族介護者は事実に基づき、「さっき、引き出しにしまっていましたよ」と返答する。しかし、3分ごとに認知症の人が、「財布はどこに置いたか、知っている？」とたずね続けたとしよう。家族介護者は、「財布が見えない不安がある」という相手の意図をキャッチし、そのつど、「さっき、引き出しにしまっていましたよ」という言葉に、「私が見ていたから大丈夫ですよ」という安心感を与える言葉を添えて、返答したとしよう。しかし、認知症の人の「財布はどこに置いたか、知っている？」の質問がおさまらないだけではなく、挙句の果てに「あなたが意地悪して隠したでしょ？」と家族介護者を怪しむ発言をしはじめると、家族介護者は「そんなことするはずがない」と怒りをあらわにしたり、疑われたことを悲しんだりする表情をみせるだろう。

　以上のような、介護場面でありがちな、「コミュニケーションの行き違い」を例示しながら、まずは、「このようなことがあっても別に特別なことではないし、恥ずかしい、情けないことではない」という意識をもってもらえるようにしている。そのうえで、「どこでコミュニケーションが行き違ったのか」「どのような言葉や非言語メッセージを投げかけたらよいのか」を家族介護者同士で意見交換をしてもらう。さらに講師から、認知症の症状によるコミュニケーションの特性、特性を考慮したはたらきかけとして、うまくいく可能性が高い方法を「一例」として示すようにしている。あくまでも「一例」として、コミュニケーション方法を説明し、その方法を実践することを強要しないように留意している。本講義では、ここちよいコミュニケーションの一例として、「傾聴」を説明し、演習を実施している。「傾聴は、こころを使って聴くこと」と講義で説明しがちだが、これだけでは抽象的でわかりづらい。傾聴を理解するには、相手に聴いてもらうことのここちよさ、「聴く」ことが相手にポジティブな感情を引き起こすことになる気づき、それらを体感してもらうことが重要であり、演習の目的としている。

　まず、講師から2点の傾聴のポイント（表3-1）[4]を伝え、演習を開始する。はじめにペアをつくるが、その際、近親者同士で参加している場合があるので、近親者同士のペアにならないようにしている。ペアができたら、その後、話し手と聴き手に分かれる。二者間のコミュニケーションのテーマは、あえて認知症や介護に全く関係しない、「趣味」「最近はまっていること」等にしている。そして、示したテーマに沿って、話し手に話をしてもらう。

例題1として、聴き手は、あえて無関心な態度で話し手の話を聴く。例題2では、傾聴のポイントを意識しながら、話し手の話を聴く。さらに、話し手と聴き手の役割を交替し、同じように、2つの例題を実施してもらう。その後、どのようなときに話を聴いてもらっているように感じたか、話を聴いてもらえていると感じたときの感情はどのようなものだったか、ペア、時間があればグループで振り返りをしてもらう。

このような演習を実施することで、理屈ではない「傾聴」の学びの機会を創出できる。つまり、聴き手、話し手双方の感情、相手のこころに寄り添う聴き方とはどういうものかについて体感することが可能になり、介護における他者とのよりよいコミュニケーションを図るために、「傾聴」を活用する動機にもなり得る。

4 社会福祉領域

1 目的

社会福祉領域のプログラムの目的は、①認知症の人と家族介護者が、よりよく生きていくために必要なサポートの存在を知り、活用できるようになること、②家族介護者の社会的孤立感の解消である。

当センターの調査によれば、認知症の進行ステージや介護経験に合わせたプログラムの設定が必要であることが示されている。主な学習ニーズについて、MCI（軽度

表3-1 傾聴のポイント

① お互いが安心できる関係づくりを目指そう
 ・視線：相手の顔のあたりをさりげなく見て、時々、目を合わせてみる。
 ・表情：まずは、にこやかにあいさつから会話を始めてみる。
　　　　相手の表情や話の内容に合わせて、表情を変えてみる。

② 相手とこころを通わせてみよう
 ・「聴いていますよ」とメッセージを投げかけてみる
　 1：うなずき、あいづち
　 2：相手から何度も出る言葉のくり返し、言い換え
　 3：聴きながら感じとった気持ちを言葉にして伝え返す
 ・言葉ではないメッセージを読み解いてみる
　 1：表情や目線
　 2：声の調子や話す速さ
　 3：しぐさ

認知障害）や初期認知症の人の家族では、近隣住民に家族が認知症であることを知らせるべきかどうか、利用できる介護サービスの種類やその利用方法、必要な情報の集め方などが中心的なものである。一方、進行期にある認知症の人の家族では、介護環境の自己内省方法（振り返り方法）、フォーマルサポート[*3]及びインフォーマルサポート[*4]の活用方法が該当する。

2　考慮すべきポイント

　さまざまな支援に関する情報提供や利用方法の教授は、非常に重要な教育的支援である[5]。これらの情報や教授内容が、家族介護者の「頭の中で完結された知識」で終わることなく、「実際の介護場面で使える知識」になり得るような教育的支援も大切である。つまり、リーフレットなど、一元化された情報媒体紙を渡して済むような内容のみに終始しない、プログラムコンテンツの設定が重要だといえる。

　一方、認知症の人の各種支援の利用がうまく進まない背景を考慮した教育的支援の実施が必要である。各種支援の利用が進まない理由として、認知症の人の拒否以外に、家族介護者の罪悪感[6]や各種支援提供者との人間関係も大きな要因となっている。それが介護負担感や介護虐待につながっていく[7]。つまり、各種支援の存在さえ知れば、家族介護者は問題なく支援の利用に至るだろうという希望的観測で教育的支援を提供するのは危険である。しかも集団形式で一斉に、かつ限定された回数で教育的支援を実施するのであれば、なおさらである。

　したがって、認知症の人や家族介護者の各種支援の利用がうまく進まない背景も十分理解したうえで、プログラムコンテンツを設定したり、進行させたりすることが重要である。さらには、支援を利用することに伴う心理的負担（罪悪感、抵抗感な

＊3　フォーマルサポート

　介護保険制度に基づく介護保険サービス（訪問介護、訪問看護、通所介護、通所リハビリテーション、短期入所生活介護等）障害者総合支援法に基づく自立支援給付（居宅介護、同行援護、行動援護、短期入所等）や地域生活支援事業（日常生活用具の給付または貸与、移動支援等）、障害年金、傷病手当金等、サービスや支援が制度に基づいて提供されるものである。

＊4　インフォーマルサポート

　フォーマルサポート以外の支援。家族、近隣、知人、ボランティア等が互助的に無償で提供する非専門的、非定型的な支援。家族・親族・友人・ボランティア・自治会メンバー等による手助け以外に、ある疾患や障害における当事者の会、家族会、認知症カフェ、認知症サポーター等による支援が該当する。

ど）のみならず、社会的負担（経済的側面、就労や余暇時間の制限など）を軽減するための方法も視野に入れた教育的支援が必要だといえる。

3　内容

① 初期認知症・診断まもない認知症の人の家族介護者を対象としたもの

　MCIや初期認知症の人自身が認知症の事実を受け入れられない状況、もしくは進行予防のための治療だけに目が向いている状況であることが多い。そのため、彼らを支える家族介護者も同様に、「まだまだいろいろな生活動作が自立しているし、支援は必要ない」「本当に必要になったときに介護保険を申請すればいい」「申請しても、結局、要介護に認定されないと思うので、介護保険は関係ない」という場合が多い。

　実際、認知症の人への対応や進行予防の方法を知りたいというニーズが、福祉サービスに関するニーズよりも、はるかに高い結果が出た[8]。一方で、生活不活発や意欲低下による認知症の進行を予防するために、家族介護者だけが、通所系サービス（デイケア、デイサービス）の利用を希望する場合がある。具体的には、認知症短期集中リハビリテーションや他者交流、メリハリのある生活パターンの維持を目的に利用を検討する人が多い。

　ここまでの話を整理すると、同一家庭のなかでも介護保険制度に基づく支援は、まだまだ遠い話なので関係ないとする立場と、認知症の進行予防のために介護保険制度に基づく支援を活用したいとする立場に分かれる場合が存在するということである。つまり、介護サービスの利用を進めていく際は、認知症の人の状況と家族のニーズをよく見極め、個別性を重視する必要がある[9]といえる。

　以上により、講義では一度に多くの情報を提供するのではなく、①認知症の人が利用できるサービスの種類（フォーマルサポート、インフォーマルサポート）、②サービスを利用するための手続きと窓口、③サービスを利用するために家族介護者が準備すべきものに厳選して伝えることが必要である。そして、認知症の人の状況の変化（生活障害やBPSDの状況）、家族介護者の心身の変化に対する備えとして、①治療、②ケア方法、③変化に伴う支援の利用開始や利用内容の変更について、相談できる場所の確保を勧めることも重要である。これらは座学を中心に実施し、疑問点などを参加者で話し合い、講師が回答するスタイルが最善だと考えられる。

② 進行期認知症の人の家族介護者を対象としたもの

　進行期認知症の人の家族介護者で介護年数が年単位で経過していると、前項で述べた内容では物足りないと感じる人が多い。これは、介護教室の開催後、当センターが実施したアンケートの結果で示された傾向である。「すでにケアマネジャーや主治医にもいろいろ相談しているが、本人（認知症の人）がサービス利用を拒否して困っている」「ケアマネジャーや利用している支援提供先のスタッフと意思疎通がうまくいかない」「介護は手伝わないのに、親族が口出しばかりして辟易している」など、フォーマルサポート、インフォーマルサポートにアクセスできているものの、実際の活用場面では、行き詰まりを感じているケースが多い。このような状況を反映し、進行期認知症の人の家族介護者では、介護環境の自己内省[*5]（振り返り方法）、各種支援の活用方法の習得に高い学習ニーズがあった[10]。これらの方法を習得するために用いた手法が、「私の介護地図[*6]（以下、介護地図）」の作成であった。

　その『ねらい』は次の3点である。まず第1に、介護協力状況（家族・親族・友人・近隣等）、各種支援の利用状況、支援提供者との関係性、関係がある人たちに対する家族介護者の感情、以上について客観的に見直すことであった。つまり、自分で介護環境をアセスメントするということになる。この作業では、介護状況振り返りシート（図3-12、図3-13）をもとに介護地図を作成する際、関係性や感情を、線の太さや色で表現することで、言語化できない思いを表出する方法を採用した（図3-14）。

　第2に、介護地図で明らかになった介護上のさまざまな課題に対し、どれから解決を図ればよいのか、優先順位について自分で見当をつけられるようになることであった。家族介護者のなかには、専門職に勧められるがまま支援を利用したものの、実際、それらの支援が役に立たなかったという場合もあった。このような状況を打開するために、支援の利用について受け身の姿勢からの脱却を促す必要性があった。具

---

*5　自己内省
　　Hollis. FのPsychosocial therapy：介護者が抱えている課題が、介護者自身と介護環境の関係性のあり方の結果であるという見方で支援介入を展開していく方法。

*6　私の介護地図
　　エコマップeco-mapといわれる、ソーシャルワークアセスメント手法（Hartman, 1975）の1つである。エコマップは、「生態図」ともいわれており、多様で複雑な生活上の困難を抱えたクライエント（問題を抱える当事者）とその家族とのかかわりや、さまざまな社会資源とのかかわりを一定の線や記号を用いて表すことによって、クライエントやその家族の置かれている状況を図式化して表現する方法である。

プログラム活用の手引き　第2節

図3-12　介護状況振り返りシート

あなたの介護状況をふりかえってみましょう	
	Qふりかえり内容
1	現在、どのような支援を利用していますか。
2	【利用している方】 利用するようになった「きっかけ」、利用してよかった点、課題は何でしょう。 【利用していない方】 利用していない理由は何でしょう。今後の利用予定は、ありますか。
3	あなたにとって「足りない！」「ほしい！」と思う支援はありますか。 それは、何でしょう。
4	「不要！」「ちょっと迷惑！」「中止したい」と思う支援はありますか。 それは、何でしょう。

出典：国立長寿医療研究センターもの忘れセンター編『あした晴れますように』90頁、2016年

図3-13　介護状況振り返りシートの結果（図3-12をもとにした一例）

「私の介護地図」作成の前に ―介護状況ふりかえりシート―	
チェック項目	状況
私の立場と要介護者状況	嫁　　：血管性認知症の義父を介護して3年。要介護2。同居中。
家族の介護協力状況	義母　　：抱え込み型。介護を気軽にお願いできない。 長男・長女：サークル活動に忙しくて、手伝ってくれない。
利用中の支援と思い	医療（病院：認知症で通院中） 　病院の医師や看護師さんがよく話を聴いてくれて、ホッとしている。 介護（居宅介護支援事業所：ケアマネジャー） 　相槌はよくしているけど、理解してくれている感じではない。 介護（デイケア：入浴や認知症短期集中リハビリのため） 　毎朝、「行きたくない！」が始まって、送迎ドタキャンばかりでスタッフの人に舌打ちされた…何だか遠慮するように。
近隣の協力状況	八百屋の店主夫婦（長年の友人） 　徘徊している義父を見つけては、声をかけて話し相手に。 　ありがたい方々。

※実例ではなく、例題用に設定したもの。
出典：国立長寿医療研究センターもの忘れセンター編『あした晴れますように』95頁、2016年

図3-14 私の介護地図の一例

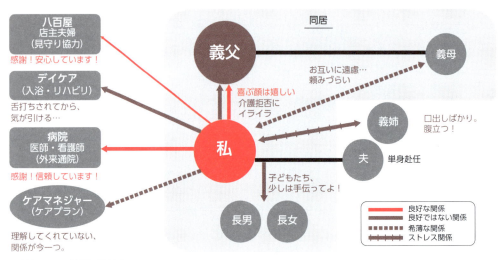

※実例ではなく、例題用に設定したもの。

出典：国立長寿医療研究センターもの忘れセンター編『あした晴れますように』90頁、2016年

体的な方法として、介護地図の作成後に、「今すぐ改善を図りたいものは何か、そのために、あなたはどうするか」について考えてもらい、参加者同士で意見交換を実施する方法を採用した。

そして第3に、専門職、家族、介護仲間など、さまざまな人と介護について話し合う際に、介護地図をコミュニケーションツールとして活用することであった。自らの思いや現状を他者にうまく伝えられない、または、他者にうまく伝わらないことが重なると、他者に伝える意欲を失いがちになる。しかし、介護地図には、介護環境やその状況について説明がまとめられ、かつ可視化されているので、介護地図をもとに、コミュニケーションを図ることができる。そして、家族の思いや置かれている状況について、より相互理解がしやすくなり、質の高いコミュニケーションを図ることができる。

介護地図は、家族介護者自身のためであると同時に、協力する周囲の人にとっても、介護環境の視覚化が可能になり、一石二鳥以上の有益性があるといえる。介護地図を用いて、専門職に現状を正確に伝えられるようになれば、家族介護者自身の考えに基づいてニーズに合致した支援を利用できるようになり、家族介護者の心身負担の軽減につながると考えられる。

最後に、介護地図の作成をプログラムコンテンツに入れた際のプログラム進行の

プログラム活用の手引き　第2節

留意点について述べる。プログラム運営者や講師から介護地図作成のねらいや方法を伝えた後、黙々と介護地図作成に取り組むセッションの設定でも構わないが、集団でプログラムを実施する限り、もう一工夫あってもよいだろう。つまり、完成した介護地図を参加者同士で見せ合いながら、うまくいった経験、苦い経験、そして経験に伴う感情などを披露しあうこともよいだろう。悲喜こもごもの経験や感情の表出・共有は、自信や自発性を強化する効果がある[8]。これは、相互交流の効果ともいえる。

しかし一方では、互いの介護経験や認知症の人への対応方法を披露するなかで、相手の方法や感情を否定するような発言をしてしまう場面もある。また、ありのままの感情や苦い体験を披露しあった結果、互いが重い気持ちを抱えたままになり、解決策がみえないことへの連鎖反応的な焦りにつながる場面もあり得る。これらのネガティブな状況（望ましくない結果に陥った状況）[8]を回避するには、グループの相互交流を側面的に促し、必要に応じて、個別支援への切り替えを見極める「ファシリテーター」を各グループに配属することが重要である[9]。地域での活動では、ファシリテーター役の人員を配置することが難しいであろう。そのような場合を想定し、あらかじめ参加者に対し、作業中に気分的に苦痛になってきたら無理をしなくてもよいこと、そして、活動の運営者に声をかけてほしい旨を伝えておくことが最善であろう。

また若年性認知症の家族介護者は、当事者への直接的な対応のみならず、就労や経済的側面、対応可能な支援の提供先が限定されている等の課題を抱えることが多い。そのため、若年性認知症の家族介護者が多いプログラムや個別支援を実施する等、対応の工夫が必要である。

以上、介護地図の作成を通じ、最終的には、2点の最終的なゴールが考えられる。第1に、家族介護者自らが介護環境を変えようとするような「動機づけ（エンパワメント*7）」につながっていくことである。第2に、さまざまな支援の活用及び家族介護者自身の行動や心の持ち様の変化で介護環境の改善を図った結果、家族介護者及び認知症の人双方の心身が、よりよい状態で保持されるようになることである。

> **＊7　エンパワメント**
>
> C. B. Germain, Gitterman. Aは、「生活ストレスは、人が生活環境と共存する能力（Coping）が弱い、生活環境が人間のニーズに適応する力（response）と調和しない場合に発生する」という考えに基づき、人の能力（Coping）を高めるために能力付与を行い、周囲の環境を変えたい動機づけを行うことをエンパワメントと定義した。また安梅（2005）は、「元気にすること、力を引き出すこと、そして共感に基づいた人間同士のネットワーク化」としたうえで、「当事者や当事者グループが、自らのWell-beingについて十分な情報のもとに意思決定できるよう、ネットワークのもとに環境を整備すること」と定義している。

第3章　家族向け認知症介護教室プログラムの実例―国立長寿医療研究センター版―

5 | 参加者への配慮とポイント

　第2章第3節で述べたとおり、当センターでは、認知症の重症度──「MCI・初期認知症（診断直後の人を含む）」と「進行期認知症」で分けた、介護教室を開催してきた。介護教室や認知症カフェなどを開催する場合、認知症の重症度、介護年数の違いにより、参加者同士の話がかみ合わないという場合がある。そのため、マンパワーや時間、経費の余裕があれば、介護教室を、認知症の重症度、認知症の種類、介護年数、続柄に分けて開催する方法もよいだろう。しかし、多くの地域では、マンパワーや時間の余裕がなく、当センターのような方式を採用するのは現実的ではないことが想定される。介護教室などを開催するうえで最も大切なことは、「あらゆる参加者」の気持ちに配慮することである。「あらゆる参加者」の気持ちに配慮するには、3つのポイントがある。第一に、介護教室に来ている参加者の思いを慮りながら、極力、彼らの思いをくみ取る方法を検討すること、第二に、実際の介護現場と乖離しないように、介護教室で提供する講義や演習の内容・方法を吟味すること、第三に、「小難しい内容」を「教えてあげる」という姿勢が明白な、パターナリスティックな講義態度にならないように、介護教室運営者が留意することである。参加者が、どのような理由で、そして、どのような思いで介護教室などの活動に参加したのか、思いをはせることができれば、前述の3つのポイントは自ずと実践できるだろう。

第3節 テキストの作成

　前節では当センターの介護教室のプログラムの詳細について述べた。その内容はすでにテキストになっており、実際に当センターの教室で使用している。初期認知症・診断まもない認知症の人及び家族介護者に向けた「認知症はじめの一歩」、進行期認知症の人の家族介護者を対象にした「あした晴れますように」という2冊である（図3-15）。

　また、当センターの経験に基づく知見より、既存のテキストを使用するメリット・デメリットをあげておく（表3-2）。教室を開催する際、今回例示したような既存のテキストをプログラム内容の参考にしたり、活用したりするのも1つの方法だろう。参考として2冊のテキストの内容を紹介する。

図3-15 「認知症はじめの一歩」と「あした晴れますように」

＊「認知症はじめの一歩」は当センターのホームページよりダウンロード可
　http://www.ncgg.go.jp/monowasure/news/20150512.html

表3-2 テキストを使用するメリットとデメリット

メリット	デメリット
・スタッフが代わっても、ある程度講座の内容の質が確保される（新米スタッフでも取り組みやすい） ・開催する回によって担当者が代わっても、各回の内容把握ができる ・教室だけではなく、他の業務でも認知症の説明ツールとして利用できる ・内容がまとめられているので、参加者にとって見やすい ・参加者にとって、手元にあればいつでも予習復習ができる ・参加者にとって介護をしながら困ったとき、行き詰まったときに振り返ることができる	・プログラムの修正がしにくい（プログラム内容の再検討がされにくくなるおそれ） ・テキストを一から作成する場合、時間・労力・費用の捻出が必要 ・講師が講義内容・作成者の意図をしっかり把握しないで講義をした場合、中途半端な講義になりかねない（講師が作成したものではないので話しにくいおそれ）

1 | 認知症はじめの一歩 ―ご本人、ご家族のための教室テキスト

　本テキストは、初期認知症・診断まもない認知症の人と家族介護者向けテキストである。

　認知症の正しい理解を促すため、第1章では、医学、薬剤、看護、社会福祉の4つの領域に分け解説している。第2章では、認知症の初期の頃に疑問として抱きやすい項目をQ＆A方式で記載している。診断を受けてまもない本人、家族介護者向けであるため、テキストの最初と最後には認知症の本人と家族介護者からのメッセージを載せている。本人からは、「認知症と診断されたからといって、すべてが急にできなくなるわけではなく、できることはたくさんあり、仲間もいる」といったメッセージが添えられている。家族介護者からは、「病気の理解が大切であり、一人で抱え込まないで」といったメッセージが添えられている。認知症の人、家族介護者双方にとって励みになるような内容となっている。

2 | あした晴れますように ―認知症をもつ人と私

　本テキストは、進行期認知症の人の家族介護者向けテキストである。
　「認知症はじめの一歩」より、さらに認知症に関する病識や対応方法について、詳細を知りたい人向けの構成になっている。当センターの教室の風景や、教室に参加した感想等、先輩介護者からその他大勢の家族介護者に向けた心温かいメッセージも載せている。家族介護者同士で支え合い、みんな笑顔になってほしいという願いがこの1冊に込められている。

【引用文献】

1) Kamiya M, Sakurai T, Ogama N, Maki Y, Toba K, 'Factors associated with increased caregivers' burden in several cognitive stages of Alzheimer's disease', *Geriatrics & Gerontology* international, 14 Suppl 2, pp.45～55, 2014.
2) ドーン・ブルッカー著、水野裕監修、村田康子・鈴木みずえ・中村裕子ほか訳『VIPSですすめるパーソン・センタード・ケア』クリエイツかもがわ、2010年
3) 島井哲志・長田久雄・小玉正博編『健康心理学・入門――健康なこころ・身体・社会づくり』有斐閣、82～85頁、2009年
4) 古宮昇『プロカウンセラーが教えるはじめての傾聴術』ナツメ社、20～21頁、74～139頁、194頁、2012年
5) 清家理『医療ソーシャルワーカーの七転び八起きミッション――"ダメよ…ダメダメ"ケアから"ありのままで"を支えるケアへ』メジカルビュー社、94～101頁、2015年
6) Werner P, Mittelman MS, Goldstein D, Heinik J, 'Family stigma and caregiver burden in Alzheimer's disease', The Gerontologist, 52 (1), pp.89～97, 2012.
7) 湯原悦子「介護殺人事件から見出せる介護者支援の必要性」『日本福祉大学社会福祉論集』第134号、9～30頁、2016年
8) Seike A, Sumigaki C, Takeda A, Endo H, Sakurai T, Toba K, 'Developing an interdisciplinary program of educational support for early-stage dementia patients and their family members: An investigation besed on learning needs and attitude changes', *Geriatr Gerontol lnt*, 14 (S2), pp.28～34, 2014.
9) 清家理・鳥羽研二・櫻井孝「認知症家族介護者教室・認知症カフェ等『認知症の人・家族介護者が集う場』の意義を問う」『臨床栄養』第13巻第7号、2017年
10) Seike A, Sakurai T, Sumigaki C, Takeda A, Endo H, Toba K, 'Verification of Educational Support Intervention for family Caregivers of Persons with Dementia', *J Am Geriatr Soc.*, 64 (3), pp.661～663,2016.

【参考文献】
- 木下斉『稼ぐまちが地方を変える――誰も言わなかった10の鉄則』NHK出版、2015年
- 山口裕幸『チームワークの心理学――よりよい集団づくりをめざして』サイエンス社、2008年
- ミシガン大学老年学セミナー運営委員会・黒田輝政・井上千津子・加瀬裕子・黒川由紀子・古瀬徹編著『高齢者ケアはチームで――チームアプローチのつくり方・進め方』ミネルヴァ書房、1994年
- カール・ロジャーズ著、畠瀬稔・畠瀬直子訳『エンカウンター・グループ――人間信頼の原点を求めて』創元社、1982年
- 水野裕『実践パーソン・センタード・ケア――認知症をもつ人たちの支援のために』ワールドプランニング、2008年
- 矢吹知之編著『認知症の人の家族支援――介護者支援に携わる人へ』ワールドプランニング、2015年

第4章

家族向け認知症介護教室の運営

第4章　家族向け認知症介護教室の運営

家族向け認知症介護教室（以下、介護教室）や認知症カフェ等、活動の企画が終われば、いよいよ活動を運営していくことになる。企画が絵に描いた餅で終わらないように活動を始動させるための準備、活動中の対応は、非常に重要である。本章では、国立長寿医療研究センターもの忘れセンター（以下、当センター）の教室の運営を例に、運営に向けた準備、運営上の留意点を述べていく。

第 1 節　開催までの対応

1 ｜ 募集に向けて

　まず、家族向け認知症介護教室（以下、介護教室）の日程が決定したら会場の予約をし、ポスター・案内チラシなどの募集媒体を作成する。次に申し込み受付の準備などを行う。特に、会場を予約する場合や募集媒体を作成する場合は、開催日時や場所を入念に確認し、申し込みの方法や日付、時間に誤りのないようにしなければならない。あくまでも、参加者の視点に立ち、足を運びやすい場所の選択、案内など掲示物のわかりやすい表記に留意する必要がある。

1　会場予約

　介護教室を運営するスタッフ間で場所を選定したら、すぐに会場の予約を行う。希望する会場がすでに予約済の場合もあるため、早めに手配するとよい。あわせて、万が一キャンセルする場合の規定も確認する。

　予約する場合は参加者が出席しやすいように、毎回同じ会場と時間で予約することが望ましい。すべて同じ会場・時間で予約が取れなかった場合、参加者が間違えないように講義内で案内したり、電話やメールで連絡したりするなど参加者への配慮が必要となる。

2　募集媒体（ポスター・チラシ・ホームページ）の作成

　募集開始までに、参加者募集に関する情報（介護教室の概要・募集要件・開催日時・開催場所・講義内容・申込方法・問い合わせ先など）を記載した募集媒体（ポスター・チラシ・ホームページなど）を作成する。

　これらの発信ツールは、それぞれメリット・デメリットがあるため、各種媒体の特徴を活かした募集方法を検討し、より効果的な募集媒体を作成するとよい。

　以下に、代表的な募集媒体の特徴、活用方法について述べる。

① ポスター

　認知症介護に興味がある家族をはじめ、より多くの人の目にとまるよう、デザイン（字の大きさ、配色など）や掲示場所を考慮する必要がある。伝えたい一心で多量の情報を記載すると、かえって見る人に伝えたい内容が伝わらない。必要最低限の情報を厳選し、記載することが重要である。

　家族介護者のなかには、高齢の人や掲示物を熟読する暇のない人も想定される。そのため、一目で伝えたい内容が伝わるポスター作成を心がけることが肝要であり、第三者に読み手側の視点に立ってチェックしてもらうのも有効であろう。

　国立長寿医療研究センターもの忘れセンター（以下、当センター）ではポスター（図4-1）を、外来受診者の往来が多い場所や、認知症の人にかかわる診療科の窓口に掲示している（図4-2）。その際、各診療科の窓口担当者（受付クラーク、外来看護師等）にポスター掲示を依頼している。同時に、活動趣旨を説明し、介護教室に該当しそうな人がいた場合に参加を呼びかけてもらうよう、依頼している。

② 介護教室案内チラシ

　介護教室案内のチラシは、興味・関心のある人にとって、持ち帰って内容を確認できるメリットがある。また、他者ともチラシを通じた情報共有が図れることが勘案できるので、介護教室開催に関する効果的な発信ツールだといえる。

　例えば、当センターでは、外来看護師など、認知症の人や家族介護者に接する機会がある専門職に案内チラシを渡し、配布を依頼している。それにより、対象者として該当する人に直接チラシを渡してもらえる可能性が広がる。

　また、ポスターを目にした家族介護者が気軽にチラシを手に取れるように、ポスターの横にチラシを設置している。それにより、ポスターとの相乗効果を図ることもできる。当センターでは、申し込み欄もつけており、そのまま申込用紙として利用することができる（図4-3）。

　公民館など公共施設で教室等を開催する場合、ポスターとあわせて、チラシを公共施設内に置く方法もあるだろう。その際は、開催場所の事務所などにチラシを置かせてもらったり、不足した場合に補充してもらったりなどの協力を要請してもよいだろう。また、市報など広報に開催案内を掲示してもらう、チラシをはさみこんでもらうなど、ほかの伝達媒体を活用する方法も考えられる。より多くの人に開催情報が伝わる工夫を地域の特性に合わせて検討していく必要がある。

図4-1 ポスター

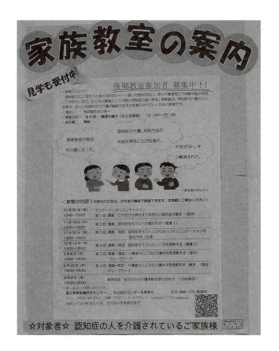

図4-2 院内掲示

図4-3 教室案内チラシ

③ ホームページ

　ホームページは広く一般に向けた募集方法である。多くの人の目に留まる機会が増え、認知症介護に関心のある家族が情報を収集する際に役立つ。ただし、正確な情報を載せておかないと、誤った情報が拡散するおそれがある。それだけに、情報を見た人が混乱しないように、正確な情報の掲載が求められる。

　当センターの介護教室は、参加対象者を当センター受診者に限定せず、「認知症と診断された人の家族介護者」としたため、ホームページでも情報提供を行うことにした。また、ホームページに掲載することで、近隣の専門職（ケアマネジャーや訪問看護師等）の目にも留まることが期待できる。それら専門職に、当センターの活動を家族介護者に紹介してもらうなど、活動の周知につながるからである。

3　募集の留意点

　一般的に募集方法として活用されるのは、ホームページ、ポスター、チラシ、口コミ（専門職や家族介護者からの紹介も含む）である。
　地域で募集を行う場合は、地域包括支援センター、関連する医療機関、地域の広

報、認知症カフェや家族会、認知症サポーター養成講座などに案内しておく。また、ケアマネジャー、地域包括支援センターのスタッフなどの地域で活躍する専門職にも周知しておき、対象者がいた場合、介護教室への参加をすすめてもらうように協力を要請しておくとよい。

以下に、当センターの募集上の留意点を3点あげる。

① 掲示物などをみて参加する家族介護者への配慮

認知症介護に対して悩みを抱えていたり、認知症介護について学びたいと思っていたりして、自ら情報を得て参加するため、介護に対する学習意欲が高いといえる。申し込み時にどのような目的で参加するのか、どういった悩みを抱えているのかを把握しておくとよい。

② 医師からの紹介を受けた家族介護者への配慮

医師が介護教室を紹介する理由は2点あげられる。第1に診察の場面で介護上の悩みが解決できない場合である。第2に同じ介護者同士の交流を通じたケアなど、セルフヘルプが必要であると想定される場合である。

医師からの紹介は、家族介護者の教室参加への動機づけになりやすい。一方、なかには、医師からの紹介を「強制」と受け取ってしまう家族介護者もいるため、医師経由で看護師が介護教室の参加を推奨する場合もある。いずれの場合であっても、家族介護者に対し、介護教室の概要、介護上の悩みと介護教室での取り組みの関連性をわかりやすく説明する必要がある。当センターでは、介護教室にかかわる運営スタッフが前述の説明を実施している。

③ 多職種協働による家族介護者への参画呼びかけ

看護師、受付スタッフ、ソーシャルワーカー、リハビリスタッフ等、認知症の人に接する機会がある職種に教室の概要や開催予定について知らせておく。特に看護師や受付スタッフは、外来での受付や診察の待ち時間に、認知症の人や家族介護者に接する機会が多いので、周知が重要である。

当センターでは、診断目的で検査受診する認知症の人や家族介護者が多い。診断結果の説明後、看護師は認知症の人や家族介護者に対し、医師からの説明の補足、生活や今後の治療上の悩みの傾聴を実施している。その延長線上で、教室を案内している。なかには、「まだそんなに困っていない」という理由で断る家族介護者もいるが、その場で参加を希望する人もいる。その一方で、診断結果に動揺している家族介護者

は介護教室について案内しても、話を聞くこころの余裕がない場合が多い。そのような場合は、チラシだけを渡している。いずれにしても、家族介護者の様子をみて、参加を無理強いしない姿勢で、参加を呼びかけるアプローチが大切である。そして、介護教室について家族介護者に案内した場合は、カルテに記載し、ほかの医療スタッフや介護教室担当スタッフと情報の共有を図るようにしている。

　また、外来の待合などで家族介護者が認知症の人に強い口調で接しているなど、認知症に対する理解が十分でないと感じる場面に遭遇した場合、外来スタッフ同士で情報を共有し、看護師から家族介護者に悩みがあれば相談にのる等の声かけを実施している。家族介護者は介護ストレスを感じている場合が多く、思いや介護状況をゆっくり丁寧に聴く必要がある。そのうえで、家族介護者が抱えている課題と介護教室プログラムが合致していると判断できた場合、外来看護師から介護教室への参加をすすめることがある。これらはカルテに記録し、必要であれば主治医に報告している。さらに、さまざまな個別相談にのっているソーシャルワーカーや認知症リハビリテーションを実施しているリハビリスタッフも家族介護者に接する場面が多々あるため、それらの職種からも必要があれば介護教室を紹介してもらっている。

　いずれの場合も、家族介護者が介護教室を受け入れやすい心理状態のときとそうでないときがあるため、決して無理強いをせず、「いつでも私たちはお待ちしている」という姿勢で介護教室を案内している。家族介護者には、介護教室に参加したくてもできないさまざまな事情があるだろう。認知症の人の状態、子どもの世話や仕事の都合など、家族介護者の生活事情により、参加のための心身の余裕、時間の確保がままならないことも十分想定される。それだけに、介護教室への参加にあたっては、お試し参加を設定する、参加が可能な日のみ参加ができるようにするなど、家族介護者の事情に合わせた柔軟な対応が必要である。

4　申し込みの受付と留意点

　申し込みの方法には、窓口、電話、メールやFAXなどが考えられる。それぞれのメリット、デメリットを踏まえて申し込み方法を決定するとよい。

　窓口での申し込みは、申し込み者の顔を見て受付ができ、教室の説明をしながら、直接、参加者に申し込み用紙に記入してもらうことができる。一方、直接足を運ばなくてはならず、多忙な家族介護者にとって負担となる場合もある。

　電話は、気軽な問い合わせ感覚ですぐに連絡して情報を得られることから、申し込み者にとって最も手軽な方法である。しかし、受付側にとっては、相手が見えずに

声のみのやりとりとなり、正確な情報の入手が多少困難な場合もある。この場合、必ず申し込み内容を復唱し、氏名や住所などに間違いがないか、確認する必要がある。

メールやFAXなどの方法は、申し込み者にとって非常に手軽である。メールアドレスやFAX番号の間違いなどによる送信ミスなども起こり得るので、申し込み方法として採用する場合は注意を要する。しかし、文字でのやりとりは、内容を客観的にみながら判断ができ、加えて、時間の余裕があるときに対応ができるメリットがある。

いずれの申し込み方法においても必要な情報は、参加者の氏名、住所、日中の連絡先や連絡可能な時間帯である。申し込み者自身または受付者が申し込み用紙に必要な情報を記入し、あわせて記載漏れがないか必ず確認する。また、参加者に対する説明事項や留意事項がある場合は忘れずに行う。万が一、介護教室担当者が不在の場合でも対応できるように、あらかじめかかわるスタッフに申し込み用紙の置き場所を周知し、受付を依頼しておく。多くのスタッフがかかわる場合は、いつ誰が担当したかわかるように受付日時や受付者の記入欄も設けておくとよい。このとき、申し込み者の表情や様子、申し込み者が介護について語った内容や、受付者からみて気になる点、配慮する点などがある場合は、参加者名簿に記載、もしくは介護教室担当者に報告し、スタッフの間で情報を共有する。

2 開催に向けて

会場の予約や募集媒体の作成、申し込み受付を経て、いよいよ教室を開催していくための準備をしていく。

具体的には、参加者名簿や名札、受付表等の作成や講師依頼、講義資料の作成、必要な物品の用意、アンケートの作成などがある。準備は、あくまでも開催する介護教室のスタイルによって異なるため、実際に必要となるものについては、かかわるスタッフ間で話し合って決めるとよい。

1　参加者名簿・名札・受付表の作成

参加者の申し込みがある程度落ち着いたら、参加者名簿や名札、受付表等を作成する。このとき、申し込み用紙の情報と入力した情報に間違いがないか念入りに確認する。万が一、誤って入力した場合、相手に対して失礼となるばかりか、郵送物の送

付や電話での連絡時に支障が出ることもあるので注意する。

　また、名簿等の個人情報が記載されている資料やデータは、取り扱いに十分注意し、常に厳重に管理する。鍵のかかる保管庫やパスワードの設定されたファイル、暗号やパスワードで管理できるUSBなどを使用するとよい。以下、具体的な作成方法を記載する。

① 参加者名簿

　氏名、連絡先を一覧にした名簿を作成する。住所録と全講義の出欠席状況もあわせて管理するとよい。教室申し込み時に参加者の情報をパソコンに入力して一覧を作成する。

② 名札

　初めて顔をあわせる参加者同士でも交流がしやすいように、必要であれば名札を用意する。介護教室の回数を重ねることで互いの顔と名前が一致し、同じ体験をしている家族介護者として交流を深めるためにも役立つ。

③ 受付表

　講義ごとの出席状況の確認や参加人数の集計、欠席時の講義振替、資料の郵送のためにも各回の出席表を作成するとよい。

　また、受付表に備考欄を設けておけば、受付の際、必要な参加者へ個別に連絡を行うこともできる。毎回、講義前に受付表を準備するのは手間どるため、あらかじめ全講義分を用意しておくとよい。

　講義ごとに用意する受付表とは別に、講義全体の出欠席状況を一覧表などで管理することで、参加者をフォローする際に役立つ。

2　講師依頼、講義テキスト・資料の準備

　あらかじめ介護教室担当者が講師に連絡し、介護教室の趣旨や講義内容などを説明したうえで講師依頼を実施する。

　依頼にあたっては、依頼文の作成及び送付、講義に使う資料や当日使用する物品の確認などが必要である。依頼文には、開催日時や場所、講義のテーマ、資料の提出期限、（必要に応じて）交通費や謝金などの支給額を明記する。ただし、講師によっては依頼文が必要ない場合があるため、確認したうえで準備を行うとよい。

念のため、講義の1週間前には再度連絡し、資料や物品などが必要かどうか改めて確認する。特に配布資料がある場合、講義前日までの提出を依頼するとよい。

3　物品準備

当日は人手が足りない場合も多く、少しでも負担を軽減するためにも事前準備は大切である。講義で使用する物品一式（表4-1）は、教室開催の初日までに1か所にまとめて準備しておくとよい。なお、必要な物品とともに、受付表や名札も忘れずに用意する。

表4-1　介護教室で使用する物品

使用する物品	使用の目的
① マイク・スピーカー・ポインター	参加人数、会場規模にもよるが、会場に備え付けがない場合は準備したほうがよい。 スピーカーは事前に音量を調節しておく。参加者にあわせて、位置などを配慮するとよい。 マイク、ポインターは、電池が切れていないか事前に確認する。万が一の場合に備え、予備の電池を準備しておくとよい。
② パソコン・プロジェクター	プロジェクターを使用する場合は、講義がスムーズに開始できるように事前に電源を入れ、講義で使用するスライドを表示しておくとよい。
③ 案内板・受付看板	参加者が会場まで迷うことなくたどり着けるように、会場までの順路をポイントごとに掲示する。
④ 筆記用具	忘れた参加者のために予備で用意しておくとよい。
⑤ 講義テキスト・資料・アンケート	予備も含めた講義テキスト、資料を準備する。資料の有無については、事前に講師に確認しておく。必要であれば、アンケートを準備する。

4　アンケート準備

　まず、スタッフ間で講義の評価や満足度、参加者のニーズなどについて、アンケートを実施するかどうかを確認する。実施する場合は、実施方法（聞き取り型か、自記式型かなど）、回収方法（その場で回収か郵送法か）などもあわせて確認する。

　介護教室終了後に時間がなくてアンケートを持ち帰る参加者がいる場合、次回開催時に持参してもらうのか、または郵送してもらうのかなど、参加者の負担にならない回収方法を確認しておくとよい。

第 2 節　開催当日の対応

1 ｜ 開催前の準備

　家族向け認知症介護教室（以下、介護教室）開催前には、事前ミーティングなどを通じてスタッフ間で参加者の情報や教室の流れなど介護教室運営に関する必要事項などを改めて確認し、共有しておく。全体の動きが一目でわかるタイムスケジュールなどを作成し、各担当者の役割など介護教室の1日をシミュレーションしながら話し合うとよい。参加者名簿には氏名のみならず、要介護者の病名、介護年数、介護上の悩み、特記事項（特に知りたいことなどヒアリングしたことなど）を情報として記入しておくとよいだろう。以上により、参加者情報が一目瞭然になる。この一覧をもとに、スタッフ間で情報共有を図り、かかわり方など対応方法を検討する。

　特に介護教室開催の初日は、受付時間より早く到着する参加者や初めての場所で戸惑う参加者もいるため、スタッフは早めに会場の準備をし、参加者の対応をする。当日は受付が混み合うことも予測されるため、受付対応と参加者対応など、スタッフの人数に合わせて人を配置する。参加人数が多い場合は、あらかじめ机の上に各資料を置くなど、受付が混み合わない方法を工夫するとよい。ただし、机の上に置いた場合、説明を十分に行うことができず、講義前に資料の説明が必要になる。参加人数が少ない場合は受付で資料一式を渡し、その場で説明してもよい。

　このように、よりよい介護教室の運営にはスタッフの理解と協力が必要である。そのためには、事前の情報共有やスタッフ間のコミュニケーションが重要である。

2 ｜ 開催中の対応

　介護教室の目的は、認知症やケアに関する知識の習得だけではない。認知症介護を経験している者同士が集い、介護に関する経験や思いを共有することで、互いをケアし合う、経験知を交換し合う効果が期待される。そのため、スタッフは介護教室に参加する参加者同士の関係性がよくなるように、はたらきかける必要がある。介護教

室に参加する家族は年齢、介護年数、経験など多様な背景をもっているが、多様な参加者同士が交流することで、互いに新たな気づきを得られる。

　また、さまざまな参加者の介護経験の話を聞くことにより、癒されたり、安心を得たりする家族介護者も多々いる。しかし、参加者のなかには、自らの話を聞いてほしい、介護の努力を認めてほしいという思いにかられ、とりとめもなく話し続ける人もいる。特定の参加者が長時間話し続ける、介護に対する思い入れの強さのあまりグループで話し合うテーマから脱線した話を続けてしまうなど、ほかの参加者に苦痛を与えてしまう場合もあるかもしれない。このような場合、スタッフがファシリテーターとしてそれぞれのテーブルに入り、話の内容をテーマに沿ったものに軌道修正したり、ほかの参加者に話をうまく振ったりする配慮が必要である。話をする人が偏ってしまうと、話をしていない人は、自分の思いを聞いてもらえない、自分がその場に必要とされていないという感覚に陥ることもある。それを防ぐためにも、全体の発言のバランスをみながら進行する必要がある。

　ファシリテーター役のスタッフを確保できない場合は、1つのグループにまとめ、参加者のなかから全体をまとめられそうなリーダー役を指名する。介護教室担当者は同席し、全体をみながら会話全体をコントロールしていくとよい。

　一方で、自分の思いを話し足りないという人には、十分話せなかったという気持ちにもつながるため、発言のバランスや表情をみながら、講義終了後にスタッフが声かけをして、話を聞くなどの個別対応を実施している。

　また、参加者のなかには、自分の思いを表現するのが苦手な人や集団になじめない人もいる。国立長寿医療研究センターもの忘れセンター（以下、当センター）の介護教室では、男性参加者に多い傾向がみられるが、仲間をつくることが苦手で、自分の殻に閉じこもり孤立しやすい。その場合、参加者のなかで気が合いそうな雰囲気の人や似ている境遇の人と同じグループにして、仲間をつくりやすい環境を意図的につくる。スタッフも参加者が孤立しないように見守り、時には声をかけ、「私たちはあなたの参加を歓迎していますよ」というメッセージを発信しながら、配慮したかかわりを行う。

　さらに、講義中は参加者に対して講師の話が聞こえているか、講義の途中でも内容を理解しているかなどもあわせて確認する。特に、高齢の参加者の場合、耳が遠い、開催時間中の座位が身体的に苦痛という事情もあり得るので、様子をみながら配慮する必要がある。集団のペースについていけなさそうだと判断した場合は、講義終了後にスタッフが個別に声かけをして、さりげなくわかりにくいところはなかったか聞き、必要に応じてわかりやすく説明をする。

いずれにしても介護教室開催中は、スタッフは参加者が無理なく介護教室に参加でき、参加者同士が少しでもよい関係を築けるように配慮しながら、参加者に対応をしていく必要がある。

3 | 介護教室終了時の対応

全講義の終了後に当センターでは、介護教室に半分以上出席した参加者を対象に修了書を発行している。修了書の発行は、全講義を修了したという達成感や自信へとつながるため、修了書を手にした参加者は、満面の笑みを浮かべ、誇らしそうな表情をしている人も多い（図4-4）。このように、参加者の介護への自信、介護継続へのモチベーションアップ等につながるもの、そして学んだ証が形として残るものを発行することも、心理的ケアになり得る。

また、介護教室の評価や参加者のニーズを把握するため、最終講義後にアンケートを配布してもよい。これをもとに次回、教室に向けてメンバー間でプログラムの見直しや講義の改善点などを話し合うことができる。

図4-4 修了書の授与

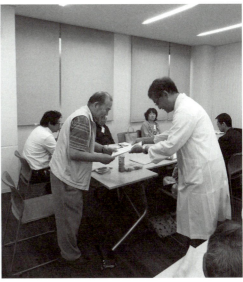

第5章

参加者をフォローするために必要なこと

第5章　参加者をフォローするために必要なこと

　前章までは、家族向け認知症介護教室（以下、介護教室）や認知症カフェ等の企画、そして企画に基づいた準備を経て、活動プログラムを実施するに至る過程で検討すべき点、留意点を述べてきた。しかし、隙のない企画や運営マネジメント体制だけでは、必ずしも参加者にとって魅力ある、参加し続けたい活動プログラムとはならない。一歩間違えば、企画者・運営者だけが満足する、パターナリスティックな活動に陥る危険性がある。

　本章では、もう1つの重要な視点、「参加者」にフォーカスをあて、どのような点に留意した対応が最善なのか、2つの視点から述べていく。

第1節 プログラム実施中のフォロー

1 | 初めて参加した人

　たいていの人は初めての場所に行ったり、初対面の人と会話をしたりすることに対して、少なからず不安や緊張を覚えるものである。

　家族介護者が、初めて家族向け認知症介護教室（以下、介護教室）に参加するとき、どのような心情であるかを想像してみるとよいだろう。おそらく、「どんな人（家族介護者）が来るのだろう」「役に立つ話が聞けるだろうか」「どんな人（スタッフ）がかかわってくれるのかな」など、さまざまな思いをめぐらせて参加しているのではないだろうか。

　初めて参加する際、介護教室の開催場所がわかりにくいと、家族介護者に余計な不安を抱かせる可能性がある。そのため、開催場所までを看板等でわかりやすく案内したり、スタッフが道案内をしたりして、まずは会場まで無理なくたどり着くことができるように配慮する。受付までたどり着いたら、参加に対する感謝とねぎらいの言葉をかける。もちろん、笑顔で温かく迎え入れることが大切である。加えて、介護教室が始まる前に世間話等をすることで、気持ちをほぐすよう心がける。

　また、初回からではなく、途中の回から参加する家族介護者には、特に配慮が大切である。介護教室も回を重ねると家族介護者同士が仲よくなり、途中参加の家族介護者は輪に入りにくく、疎外感を抱きやすい。そのため、家族介護者の続柄が同じ、年齢が近い、同じような認知症の人の症状で悩んでいる等、共通点がありそうな家族介護者同士を近い席に案内したり、スタッフが会話の橋渡しをしたりする等、疎外感を覚えさせないような工夫が必要である。家族介護者にとって居心地のよい介護教室とは何かを考えて、家族介護者に接することが大切である。

2 | 欠席した人

　認知症の人の状態や家族介護者の健康状態の悪化、仕事など、さまざまな事情で家族介護者は、介護教室を欠席することがある。欠席しても、どこかでフォローできるしくみをつくっておくとよいだろう。国立長寿医療研究センターもの忘れセンター（以下、当センター）では年に2講座（茶話会を含め全6回で1講座）を実施している。そのため、欠席した場合、次回開講する介護教室に振替受講することができるようにしている。欠席した後、次の回に家族介護者が参加したときや、それまでに認知症の人の外来受診があった場合には、スタッフから声をかけ、欠席した理由を確認し、振替受講できる旨を説明している。

　介護教室の欠席が続く場合は何らかの事情を抱えていることが多く、家族介護者に電話連絡をし、心配していることを伝えたうえで事情をたずねるとよいであろう。事情に応じて、次回の介護教室の案内を郵送している。

　欠席後、次の回に家族介護者が参加する場合、前回受講していないことでほかの家族介護者から遅れをとっているのではないか、講義についていけるのだろうかと不安に感じる家族介護者もいるかもしれない。前回の講義の内容を簡単に説明し、参加後は不明な点や疑問がないかどうか確認するなどの配慮が必要である。介護教室を欠席した場合、どのようにその家族介護者をフォローしていくか、あらかじめ考えておくとよいだろう。

3 | 参加を辞退した人

　家族介護者から介護教室の参加を辞退する申し出があった場合は、無理に引き止めず、その理由を聞いたうえで、次につなげていくことが大切になる。

　辞退の理由として考えられるのは、家族介護者を取り巻く環境の変化があった場合である。例えば、仕事で家族介護者の時間的余裕がなくなった、家族介護者自身の健康状態が優れなくなった、介護教室までの移動手段がなくなった（送迎してくれる人がいなくなった等）、認知症の人の状況の変化（病気やけが、認知症の症状によって目が離せなくなった、介護教室に合わせた介護サービスの利用ができなくなった等）が考えられる。

第1節 プログラム実施中のフォロー

　本当は参加したいがやむを得ず参加できなくなった場合、介護環境を整えることで将来参加できる可能性があれば、次回の介護教室を案内してもよいかどうか確認し、対応する。加えて現在の介護についても状況をたずね、個別でフォローが必要な場合は継続する。当センターでは認知症の人の受診に合わせて、看護師が介護状況を確認し相談にのるようにしている。また、介護教室参加の辞退を申し出て、その理由が環境の変化であったとしても、本心は異なる場合も考えられるため、丁寧に話を聞くことが必要である。その場合の対応については次項を参照されたい。

4 ｜ 参加を中断した人

　家族介護者のなかには、途中で介護教室に参加しなくなってしまった人もいる。例えば、講義の内容が自分の思っているものではなかった、介護教室で孤独感や焦燥感を覚えた、居心地の悪さなどネガティブな思いをした、ほかの家族介護者と話が合わないと感じた、集団になじめないなどが理由である可能性がある。

　介護教室に1回でも参加した多くの家族介護者は、認知症の人を理解する難しさ、介護方法などに対する困惑等、何らかの悩みを抱えており、専門職やほかの介護者とのかかわりで解決策を求めていたと思われる。そのため、家族介護者がなぜ介護教室に参加しなくなってしまったのか、その思いを丁寧に聞く必要がある。講義の内容が家族介護者自身の思っているものではなかった場合、介護の状況にあった地域の資源を紹介してもよいだろう。

　当センターでは、家族介護者に地域の家族会や認知症カフェなどを紹介する場合がある。家族介護者の状況にあった地域の資源がない場合は、個別に対応が必要だろう。また、介護教室でネガティブな思いをしたり、ほかの家族介護者と話が合わなかったと感じたりしている等の場合も、個別の対応が必要である。家族介護者がどのような介護の場面で悩んでいるのか、認知症の人の状態に変化はないか、ほかの家族との協力体制や介護サービスの利用状況など、介護を取り巻く環境や思いについて話を聞き対応する。

　介護教室に対し、ネガティブな感情を家族介護者がもってしまっている場合、次回以降の介護教室開催の案内は、かえって心理的な負担に感じられる場合もあるので注意が必要である。この場合はスタッフ間で情報を共有し、定期的に家族介護者の状況を聞き、個別にフォローをする。また、ケアマネジャーや地域住民同士のつながり

など、地域のネットワークを活かし、家族介護者の状況や介護状況を把握する必要がある。そもそも介護教室は、家族介護者を支える１つのツールであり、介護教室に参加することが、必ずしも家族介護者にとってベストではないこともあるだろう。そのため、ほかの方法で家族介護者と関係を構築する必要がある。

　また、介護教室運営側の、家族介護者に対する配慮が足りず、参加しなくなってしまった場合があれば、スタッフと理由を共有し、次回の介護教室開催時に活かすようにする。介護教室をはじめとする地域活動の開催場所がどこであったとしても、活動の企画者は参加者に対し、「あなたを見守っている」「困ったときはいつでも相談にのる」といったメッセージを有形・無形で送り続けることが重要である。それにより地域活動が、家族介護者にとって、こころのよりどころの１つになり得ると期待される。

第 2 節 プログラム終了後のフォロー

　プログラム提供が単発型（1回完結型）、連続型いずれの場合も、参加者は適度な緊張感をもって参加していると推測される。家族向け認知症介護教室（以下、介護教室）に参加する家族介護者の参加動機は、多岐にわたる。例えば、認知症やケアに関する知識を学びたい、ケア方法や社会資源の活用方法を知りたいなど、具体的な学習意欲をもっている場合や、介護における課題の解決方法を求めている場合があるだろう。一方では、同じ境遇の人との出会いや息抜きの場を求めている場合、誰かに誘われて何となく物見遊山的に参加するという場合もあるだろう。

　このような多岐にわたる参加動機をもつ参加者に対し、あらゆるニーズを満たすプログラムの提供は、至難の業である。しかし、満足感を満たすことは可能であろう。それは、参加者が、プログラム内容やプログラム実施中の雰囲気に対し、疎外感や孤独感をもたないようにする対応である。

　本節では、プログラムの提供が単発型か、連続型かにかかわらず1日のプログラムが終了した当日、またプログラムが終了してから数日が経過した後の、2つの時間軸に分けて、参加者への対応（フォローアップ）について、留意すべき点や具体的な取り組みを述べていく。

1 ｜ 1日のプログラム終了後

　単発型、連続型いずれの場合も、ある1日のプログラム終了時の、参加者に対するフォローアップの実施は重要である。運営スタッフや運営サポートスタッフが実施するフォローアップ方法として、以下の2点があげられる。

　まず、運営スタッフが参加者全員に対し、その日のプログラムの趣旨（ねらい）、参加者の状況から感じたこと、介護の合間をぬって参加してもらったことに対するねぎらいや感謝を伝えるような、総括の実施である。その際に、暗いもしくは硬い表情をしている参加者がいないか、参加者の表情などを観察しながら実施するとよいだろう。後で個別に声かけを実施する目安になる。

　次に、運営スタッフや運営サポートスタッフが出口などに立ち、参加者1人ずつ

にあいさつも兼ねた、声かけの実施である。このような対応は、参加者、運営者ともに、一緒にひとときを過ごす「場」をつくっていくような一体感を醸成することにつながる。特に、連続型プログラムの場合に有効だろう。

一方、運営スタッフなどが、活動参加中の言動、暗いもしくは硬い表情で気になった参加者に対して声かけを実施することも重要である。なかには、要介護者の通所系サービス送迎の都合で時間的余裕がなく、プログラム終了後は即座に退席したい人、個別に話すことを重荷に感じる人など、参加者側の都合があり、運営スタッフ側の個別フォローがかなわない場合もあるだろう。帰りがけに、その日の感想を軽く尋ねながら、プログラムの参加や介護、認知症のことなどで疑問に思っていること、言いたいこと、困っていることなどがあれば、遠慮なく伝えてほしい旨を投げかけておくとよい。その際に、運営スタッフや運営サポートスタッフが無理なく対応しやすい方法を伝えておく必要がある。それは、個別に面談する体制がとれるなら面談時間の予約のお願いと連絡先、電話やメールでのやりとりが可能なら連絡先といった類の伝達である。

ここにあげたようなフォローアップを通じ、運営スタッフなどは、参加者のニーズを把握することもできる。その結果、さらに提供するプログラム内容や提供方法のブラッシュアップにつながっていくであろうし、最終的には、参加者が継続して参加したい、もしくはプログラムを継続してほしいと思うような活動に育っていくことが期待される。

2 全プログラム終了後

1 考えられる形態

プログラム提供が単発型、連続型いずれの場合でも、よく実施されるフォローアップは、プログラム運営者などによる、介護教室を修了した参加者に近況をたずねたり、イベントの予定を知らせたりする手紙の送付である。

その内容の具体例として、認知症の治療や介護に関する豆知識（提供したプログラムの復習を兼ねる）、介護保険制度に関する最新の情報、今後予定している活動内容や募集時期の案内などがあげられる。もし、このような手紙を受け取った参加者が、介護や地域での生活で孤独にさいなまれている真っ只中であれば、手紙を通じたプログラム運営者との「つながり」を感じ、安心感を得ることもあるだろう。このよ

プログラム終了後のフォロー　第2節

うな効果が考えられるからこそ、手紙に添えるべき一言がある。それは、「介護や生活で戸惑い、不安、葛藤、自信喪失など、ネガティブな思いでいっぱいになっておられるなら、1人で抱え込まず、気軽に連絡をください。待っています」という旨のメッセージである。

プログラム運営者からすれば、手紙を送付することは、双方向のやりとりではないうえに、互いに顔を見ているわけではないのでフォローアップになり得るのか、疑問があるかもしれない。しかし、参加者の状況をおもんぱかった"内容がある"手紙を用いたコンスタントな投げかけは、手紙の受け取り手にとって、気にかけてもらっていること自体が励みになるものである。

フォローアップは、明確な効果がみえないケアだと思われるだろう。しかし、無理なくフォローアップを続けることで、参加者である家族介護者が何かあったとき、相談先としてプログラム運営者を頼ってくるような場合があり得る。ひいては、抱える問題を早期発見し、早期介入できる契機になる可能性がある。また、その手紙を参加者にかかわっているケアマネジャーなどに郵送し、その後、ケアマネジャーから参加者の様子を聞くことで、参加者にかかわる者同士の連携につながる。そして、計画している活動への参加を案内するタイミングを検討する機会にもなり得る。

もう1つのフォローアップの例は、プログラム修了者を対象とした「同窓会」「茶話会」など、セルフヘルプグループ的な要素のある集いである。国立長寿医療研究センターもの忘れセンター（以下、当センター）では、半年に1回の頻度で、「介護教室修了者のつどい（以下、茶話会）」を実施している。茶話会は、介護教室修了者からの要望で誕生したものである。企画・運営ともに家族介護者主体のほうが、茶話会参加者にとって、より身近な場所になり得ると期待された。そのため、茶話会の企画・運営には、介護教室修了者の有志で結成された、家族介護者ボランティアグループ（楽ちん♡）[★1]に参画していただき、介護教室企画・運営スタッフは、後方支援にまわった。

以下、当センターの茶話会を例に、プログラム終了後のフォローアップ方法について、順に述べていく。

★1　家族介護者ボランティアグループ（楽ちん♡）
　　第7章第2節「2 非専門職のサポートスタッフを育成する」において詳細を記載。

2 実例―介護教室修了者のつどい（茶話会）―

① 準備

茶話会開催までに、案内（チラシ）や葉書、宛名ラベル、参加者名簿、名札、飲み物などを準備する。参加対象者は、現在、介護教室を受講している家族とすでに介護教室を修了した家族で、それぞれ案内の手順が異なる。ここでは、それぞれの準備から開催までの流れを述べる（図5-1）。

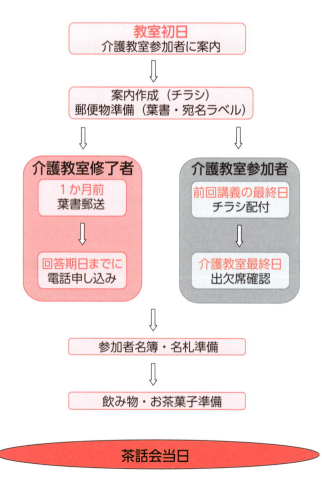

図5-1 茶話会開催までの流れ

第2節 プログラム終了後のフォロー

ⅰ 案内

（1） 流れ

　　介護教室参加者に、介護教室担当者が介護教室初日と最終日に茶話会を案内する。初日は、茶話会の趣旨を簡単に説明し、最終日には介護教室修了後、茶話会や特別講座開催のダイレクトメール（DM）を送付可能か確認している。

　　茶話会は、少人数のグループで話ができるように事前に参加者数を把握し、席の数や資料の準備のために予約制にしている。

（2） 案内状の作成

　　当センターでは、茶話会や特別講座の企画・運営のほか、案内（チラシ）の作成などの準備を、家族介護者ボランティアグループ「楽ちん♡」が行っている。

　　介護教室の参加者に茶話会の開催について案内した後、日程などを記載した配付用のチラシや郵送用葉書、宛名シールを作成している。

① 配付用の案内チラシ

　　介護教室の参加者向けの配付用案内チラシである（図5-2）。茶話会の目的・日時・場所・募集人数・申込締切日・注意事項等を明記し、前回講義の最終日に教室内で配付している。

② 郵送用の案内葉書

　　介護教室を修了した家族に茶話会の日程を案内するための葉書で、チラシと同じ内容を記載している（図5-3）。葉書を郵送した場合、参加申し込みを電話でも受け付けているため、連絡先は忘れずに記載する必要がある。

　　介護教室を修了した家族に葉書が郵送されるため、参加をためらっている家族が参加しようかなという思いをもつことにつながりやすい。

③ 宛名ラベル

　　過去に開催した介護教室の参加者名簿から、葉書に貼る宛名ラベルを作成する。対象となる人数が多い場合、はじめに入力作業が必要となるが、次の介護教室開催時にも使用できること、また、以降は新規対象者を追加するだけでよいことを踏まえると、一度、宛名ラベルを作成しておくと便利である。

ⅱ 予約受付

　　案内（チラシ）の配布後、参加を希望する場合には、介護教室の最終日までに申し込みをしてもらっている。最終日に回答がない場合には改めて連絡し、参加希望を確認している。

第5章　参加者をフォローするために必要なこと

図5-2 配付用の案内チラシ

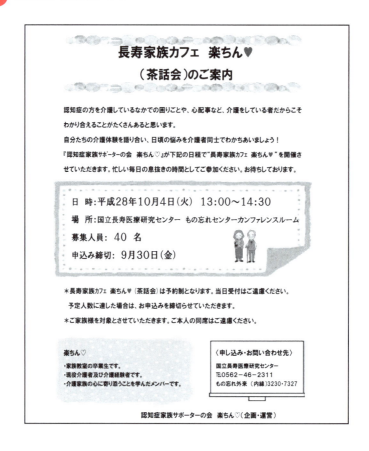

　特に、介護教室を欠席した家族には、「開催を知らなかったから参加できなかった」など、情報が行き届かないことがないように、電話で連絡するなどの配慮も必要である。

　介護教室を修了した家族には、茶話会開催の約1か月前に葉書を郵送し、参加を希望する場合には期日までに電話、または当センターのもの忘れ外来の窓口での申し込みを依頼している。なお、もの忘れ外来の窓口では、業務に支障が出ないよう、葉書を送付した家族の名簿を作成し、申し込みがあった場合にチェックできるようにしている。

第2節 プログラム終了後のフォロー

図5-3 郵送用の案内葉書

> **長寿家族カフェ楽ちん♥（茶話会）のご案内**
> 厳しい暑さが続いておりますが、皆様いかがお過ごしですか。下記の日程で「長寿家族カフェ楽ちん♥」を開催させていただきます。ご参加お待ちしております。
>
> 日時：１０月４日（火）13:00〜14:30
> 場所：もの忘れセンター
> 　　　カンファレンスルーム
> 募集人員：４０名
> 申込み締切：９月３０日（金）
>
> ＊予約制ですので当日受付はご遠慮ください。
> 予定人数に達した場合は、お申込みを締切らせていただきます。患者様ご本人の同席はご遠慮ください。
>
> 申込み・お問い合わせ先
> 　国立長寿医療研究センター　もの忘れ外来
> 　℡0562-46-2311（内線）3230・7327
> 　　　認知症家族サポーターの会　楽ちん♡

ⅲ 当日までの用意

（1） 名簿作成と管理

　これまでに開催した介護教室の参加者名簿をもとに、茶話会用の参加者名簿を作成する。参加者の名札も保管しているため、そのまま茶話会でも使用している。

　当センターでは、参加者名簿など、個人情報にかかわる資料やデータはすべて介護教室企画者・運営者が施錠できる収納庫で管理している。また、茶話会の企画・運営に参画するうえで「楽ちん♡」が参加者名簿を使用する場合は、介護教室企画者・運営者がいる部屋で作業を実施してもらうように、個人情報の保護に留意した。

（2） 飲食物

　当センターでは、「楽ちん♡」とも相談し、茶話会では飲み物と茶菓子を用意している。当センターが実施した「認知症家族介護教室および認知症カフェ等への

巡回訪問調査（平成28年度）」[★2]においても、地域で行われている認知症カフェ等では、ボランティアや地域住民の協力のもと、飲み物やお菓子を用意しているところもあった。「たかが飲み物、お菓子」と思われるかもしれないが、参加者がリラックスし、気兼ねなく、ほかの参加者と交流できるような環境づくりの1つの方法であるといえる。

ⅳ 茶話会当日

当センターでは、マイク・スピーカー・名札・参加者名簿を準備し、机の上に参加者向けの飲み物・お茶菓子・紙ナフキンを用意している。

参加者が、通常の教室とは異なった雰囲気でリラックスして話ができるように、各テーブルには花やテーブルクロスなどを用意し、無機質な部屋に変化をつけている（図5-4）。

② 運営

茶話会の運営は、家族介護者ボランティアグループ「楽ちん♡」を主軸に、介護教室の企画・運営スタッフと協働で実施した。前述したとおり、茶話会は、介護教室修了者からの要望で誕生したものである。そのため運営は、家族介護者が主体になるよう、「楽ちん♡」を中心に実施され、介護教室の企画・運営スタッフは後方支援に徹した。「楽ちん♡」メンバーとの話し合いの結果、茶話会の目的は、「新たな知識や情報などを得る場になること」「介護者の不安や悩みを解消できる場となること」と設定した。つまり、茶話会への参加を通じ、参加者自身の認知症や介護に対する見方や解釈の変化を期待した。また、介護にかかわる制度や社会資源に関する新しい情報、周囲への協力の求め方など方法論的な情報を得ることで、家族介護者自身、そして要介護者である認知症の人のサポート体制を整えていく契機になることも期待された。

茶話会では、「楽ちん♡」のメンバーが各テーブルの参加者に対し、最近の介護状況、介護上の悩み等を傾聴するサポートを実施した。そのなかで、「楽ちん♡」メンバーが専門職の対応が必要だと感じた参加者、参加中の表情が冴えない人、別途の相談を希望した参加者に対し、介護教室の企画・運営スタッフが個別に面談する等の対

★2 認知症家族介護教室および認知症カフェ等への巡回訪問調査（平成28年度）
国立長寿医療研究センター「平成28年度 愛知県委託事業 認知症対策研究・支援事業：認知症高齢者の家族介護者支援策の効果的な実施に関する研究等事業実施報告書」16～22頁、2017年

第2節 プログラム終了後のフォロー

図5-4 温かい雰囲気づくりの工夫

テーブルクロス、テーブルの花、グループ名の立て札は、「楽ちん♡」メンバーの趣向を凝らしたものとなっている。テーブルの花にも一工夫があり、季節の旬の花が生けられる。

応を実施した。このような形式で介護教室修了者のフォローアップを半年に一度実施し、家族介護者が孤独に陥ることがないよう、こころのよりどころの1つになり得る場所づくりを目指している。

③ 効果

　2017（平成29）年春の時点で、介護教室の修了者は200名を超えた。茶話会を機に、自らが参加した回の介護教室以外の顔見知りが増えていくことが多い。たまたまテーブルが一緒になった家族介護者同士が、近況報告、介護教室での思い出話や、介護にまつわる感情を吐露することで、つながりが生まれている。そして回を重ねるごとに、介護教室の「修了生」から、「仲間」に変容していく。参加者の表情からは、茶話会が「楽しい場」である様子がうかがえる（図5-5）。また、参加者の語りからみえてくる茶話会の主な効果は、「情報収集」「人の役に立つことができる」「勉強

図5-5 茶話会の風景―写真にみる参加者の様子―

集合家族写真

「息抜き」「仲間に出会える喜び（孤独感の解消）」「励み」であった。

「人の役に立つことができる」というのは、自分の体験をほかの参加者に伝えることで、相手に喜んでもらえたり、もしくは、ほかの参加者の話を聴いて、相手に感謝されたりする体験を通じ、自己肯定感を覚えるものである。

「勉強」というのは、ほかの参加者の介護方法や社会資源の活用方法を聞くことで、「このようなやり方があったんだ」「このような考え方があったんだ」といった、新たな気づきや発見につながったことを指している。

また、「励み」は、ほかの参加者の介護状況や思いを聴くことで、「まだまだ大丈夫」「時に怒ったり、泣いたりしても問題ない」というような、前向きな気持ちや安

第2節 プログラム終了後のフォロー

心感を抱くことを意味している。他者の言葉や存在を受けて出された、「介護を続けてみようと思えた」「ありのままの自分で大丈夫」という言葉は、茶話会が、貴重なこころのケアの場になり得ていた証といえる。

　以上のような茶話会を通じた参加者同士の語り合いでうかがえた効果は、先行研究でも実証されている。ここにあげた茶話会のような場では、介護感情の共有のみならず、介護者にとって効果があったケア方法など、交流を通じた「経験知」の交換が行われる。これらの交流は、要介護者の理解を深めること、介護役割に伴う精神的な負担感を軽減すること、介護者と要介護者をともに支えるネットワークの構築に効果的だと示されている[1)〜3)]。

　一方で、茶話会には、当センターの介護教室企画・運営スタッフも参加しているが、参加者と言葉を交わしたり、顔を合わせたりすることで、介護教室修了後の参加者の状況や心身の状態を把握することができ、必要に応じて、個別対応で、看護や介護の相談を受ける場合もある。同時に、「あのとき聞いた講義の内容が難しいと思ったけど、直面してみて、とても役に立った」など、今後のプログラムの立案や進行に役立つ貴重な意見を得ることもある。そのため、茶話会に専門職が参画することは、介護者のケアニーズを知ると同時に、専門職にとって、介護教室のあり方を再考する貴重な機会だといえる。

　最後に、同じような取り組みを地域で実施する場合を想定して、留意点を記載する。第2節の冒頭で記したようにプログラムは、単発型、連続型に大別されるだろう。そのフォローアップをグループ形式で行う場合、多くは、プログラム提供先が単独で実施する方法を検討するだろう。当センターの茶話会が、これに該当する。

　しかし、中山間地域でプログラム提供先が点在している場合や、一市町村のなかで同じ趣旨の活動が点在している場合、プログラム提供先ごとに、茶話会のような「グループ形式」のフォローアップを実施するよりも、プログラム提供先が連携してフォローアップするほうが最善である場合もあるだろう。無論、開催場所の考慮は必要であるが、プログラム提供先が連携して実施することで、参加者同士のネットワークが広がり、フォローアップできる参加者の数が増えるだろう。また、プログラム提供者同士が情報交換を実施し、今後、自らの地域でどのような活動を展開していくべきか、検討する機会にもなり得るだろう。大々的なイベントにする必要はない。多機関合同型のグループ形式のフォローアップだけではなく、それぞれの地域における取り組みやプログラムについて、縄張り意識や垣根を超えた1歩ずつのつながりづくり、いわば地道な地域連携を図ることが、認知症にやさしいまちづくりにつながると考えられる。

【引用文献】

1） Springer D, Brubaker TH, *Family caregivers and dependent elderly*, Published in cooperation with the University Of Michigan School Of Social Work, Sage, 1985.
2） Söresen S, Pinquart M, Duberstein P, 'How Effective Are Interventions With Caregivers? An Updated Meta-Analysis', *The Gerontologist*, 42(3), pp.356-372, 2002.
3） Steven HZ, Judy MZ, *Mental Disorders in Older Adults, 2nd Ed.*, Guilford Press, pp.321-350, 2007.

第6章

活動の評価

第6章　活動の評価

　家族向け認知症介護教室（以下、介護教室）などの諸活動の企画者・運営者は、活動が、家族介護者や認知症の人など参加者にとって、「何かしらを得る機会になってほしい」「ためになるものであってほしい」と願うものである。参加者から、「楽しかった」「参加してよかった」、このような声をかけられたとき、活動の企画者・運営者たちは「活動をやってよかった」「またがんばろう」と、苦労が報われる瞬間を味わう。しかし、かけられた声が参加者全員の思いや結果を表しているわけではない。

　企画した活動、提供したプログラムが、企画者・運営者、参加者双方にとって「よかった」と思えるものになるためには、参加者のニーズに合致したものかどうか、参加者のどの部分で、どの程度貢献できたのか、これらを正確に把握することが重要になる。

　本章では、活動やプログラム提供に対する参加者の声を把握する方法（ニーズ評価）、活動やプログラム提供の結果・効果を調べる方法について、実例をあげて述べていく。

第 1 節 評価の目的

　評価の目的は、活動の質の向上である。介護教室等、諸活動やプログラムの企画者・運営者は、「今、実施している活動は参加者に効果があるのだろうか」「もし効果がない場合は、何が原因なのだろうか。どのような解決策があるのだろうか」と悩むこともあるだろう。例えば、5段階等の設定（【例】0：全くそう思わない〜4：とてもそう思う）で、参加満足度やプログラム内容の理解度を評価する方法がある。また、ある結果同士の相関関係（【例】参加満足度と抑うつ（CES-D）得点を掛け合わす）で、変化の関連性をみる方法もある。

　以上により、プログラム内容や介入内容に対する参加者の反応状況、参加者の反応に関連していると思われる要素が何かを知ることができる。そして、数値が低い等、悪い反応であれば改善の必要性があると判断し、反応に関連している要素を中心に、プログラム内容や介入内容の改善に着手することが可能になる。つまり、プログラムや介入の質を向上させるための方法や改善ポイントの目途をつけるために、評価を実施するといえる。

第 2 節　評価の内容

　評価の目的によって評価内容や方法が決まるが、概して、①プログラムを実施した結果の評価：結果の評価、②連続型プログラムのようにある取り組みを実施しはじめたとき（介入開始時）から終了（介入終了時）まで、毎回の取り組みに対する満足度や参加者の変化などの評価：プロセス評価に大別できる[1)2)]。またその手法は、聞き取り（インタビュー）か、自記式アンケートに分かれる。参加者が少数の場合は、聞き取り（インタビュー）による評価もよいだろう。一方、臨床現場のスタッフや介護当事者が運営者になる場合は、他業務との兼ね合いや不慣れによる不安感があるので、自記式アンケートの実施がよいだろう。聞き取りの場合は、どのような内容を質問するのか、大枠を設定しておくとよい★。以下、2種類の評価内容について、説明する。

1 ｜ 結果の評価：プログラム終了後の評価

1　結果の評価とは

　結果の評価は、プログラムや活動介入内容が最終的に参加者にもたらす利益や変化[3)]とされている。つまり、プログラムへの参加によって生じた、参加者に現れる効果のことである。主に、「行動、意欲、知識、スキルの変化や変容」が該当し、肯定的変化・変容結果は、「プログラムや活動介入の効果があった」「参加者にメリット（価値）があった」と定義することができる[4)]。そのため、結果の評価は、プログラム実施の「価値の査定」及び「効き目の明確化」を目的とした評価とされている[3)]。
　まず結果の評価を実施するにあたり、何を最終的に評価するのか、結果の設定が

★　聞き取り（インタビュー）の場合、非構造化面接法、半構造化面接法、構造化面接法が考えられる。構造化が設定されていく程度が高まるほど、聞き取り（インタビュー）対象者（以下、被験者）の自由な語りの度合いは低くなるが、語りの解釈について、聞き取り（インタビュー）実施者の熟練の技が求められる度合いは低くなる。忌憚ない自由な意見を聞きたいということであれば、ある程度、設問のテーマを決め、聞き取り（インタビュー）を実施していく、半構造化面接法を採用するとよいだろう。その場合は、被験者からの豊富な情報量を慎重に解釈していくことが必要になる。半構造化面接法に慣れているパラメディカルスタッフ（心理職や看護職）、研究者等の協力を得てもよいだろう。

必要である。先行研究や理論ベースだけではなく、プログラム実施者、ステークホルダー（プログラム実施者と利害関係がある者、所属組織の上層部等に置き換えてもよい）、プログラム参加者など、互いの立場から適切だと思われる多面的な結果について、議論を重ねる必要がある[5]。

次に、測定方法の選定が必要になる。既存指標を用いるのか、新しく指標を作成するのか、先行研究や先行実践を参考に検討する必要がある。そして、自記式アンケート方式なのか、聞き取り（インタビュー）方式なのか、データ収集方法を選定しなければならない。例として、安梅（2004）[6][7]、安田（2011）[8]が提示している、評価の内容及び評価の内容に対する当センターの介護教室プログラムによる介入結果（自記式アンケート結果）と測定方法を示した（図6-1）。活動内容やフィールド規模に合わせ、評価内容や方法を検討する際の参考にしていただきたい。しかし、ここに示したすべての結果を測定しようとせず、活動の目的や目標を考慮し、結果を示すための評価内容の選定が重要である。

以上、本項の説明を網羅した評価表の例を図6-2にまとめた。図中に吹き出しで記載している事項は、留意点やワンポイントアドバイスである。

2　実例と活用

第3章で示した介護教室プログラムを3か月間実施した際の効果を「ストレス反応の低減」と設定していたため、プログラム開始時（介護教室参加前）とプログラム終了時（介護教室参加開始から3か月後）に抑うつを測定した。測定には、うつ病（抑うつ状態）自己評価尺度（The Center for Epidemiologic Studies Depression Scale：CES-D）を用いた。CES-Dは、16項目のネガティブ項目（うつ気分、身体症状、対人関係等）、4項目のポジティブ項目で構成されている。トータルスコアのカットオフ値は16点であり、16点以上で抑うつありと解釈される[9]。

プログラム開始から3か月後で、CES-Dのスコアは有意に低下し、抑うつ傾向の改善が示された（図6-3）。以上の結果から、本プログラムを提供した母集団（評価ができた参加者の総体）に対して、プログラム実施の効果が確認できた。しかし、プログラム実施の効果がどの程度持続するのか、プログラム実施のスパンをどの程度の期間にするとよいのか、他の地域で実施した場合にどのような効果の現れ方をするのかなど、多くの検討すべき点が残された。そのため、当センターでは、第5章第2節で示した茶話会の開催時に、介護教室プログラム開始時・終了時と同内容の評価を実施し、プログラム実施の効果の持続性を検証している。

図6-1　結果を示すための評価内容

A：プログラム参加者の変化と測定方法　※文中のS＝スケール

> ① 行動・行為の変化
> 　例：罪悪感があったショートステイの利用について申し込みをした：<u>自由記載</u>
> ② 意識・意欲の変化
> 　例：【プログラム開始時】私だけで介護すべきだと思う（5点／5点）：<u>S</u>
> 　　　【プログラム終了時】私だけで介護すべきだと思う（3点／5点）：<u>S</u>
> ③ 認知・態度の変化
> 　例：【プログラム開始時】もっと自分は上手に介護できるのにと思う（4点／5点）：<u>S</u>
> 　　　【プログラム終了時】もっと自分は上手に介護できるのにと思う（2点／5点）：<u>S</u>
> ④ 知識・理解の変化
> 　例：認知症の進行予防は薬だけではなくて、自分たちのかかわり方でも十分貢献できると気がついた：<u>自由記載</u>
> ⑤ 興味・関心の変化
> 　例：介護教室は今日で終わりだけど、家の近所で実施している勉強会などにも情報収集して参加していきたいと思う：<u>自由記載</u>
> ⑥ スキルの変化
> 　例：義父が「ない、ない」と探し回っているときに、一緒にゆっくり探すことが大切なんだと気がつき、少しずつ実践しはじめました。対応が少しうまくなったかも・・と思いました：<u>自由記載</u>
> ⑦ 状況・立場の変化
> 　例：「私の介護地図」を夫や娘にみせたら、「おかあさん、大変なんだね」といって、その日から家事を手伝ってくれるようになりました：<u>自由記載</u>

B：組織や地域コミュニティなどシステムレベルの変化

> ① プログラムや活動介入の提供システムの変化
> 　例：介護教室の修了生が、他の介護者の話を聞いて、他の介護者の役に立ちたいと思うようになり、自発的に茶話会の企画・運営を実施しはじめた：<u>聞き取り</u>→当事者によるセルフヘルプの場の創出へ
> ② 組織特性・関係性・風土の変化
> 　例：介護教室の交流で出た課題を自治会で話してみたら、みんなでまず勉強会をしてみようということになった。今、企画をしはじめた。住民同士のつながりが少しだけ生まれつつある：<u>聞き取り</u>
> ③ 運営・マネジメント法の変化
> 　例：介護教室の修了生が、自分たちで自発的に茶話会の運営を実施しはじめた：<u>聞き取り</u>

注）安田節之『ワードマップ プログラム評価——対人・コミュニティ援助の質を高めるために』新曜社、176頁、2011年をベースに具体例を筆者が記載。

第2節 評価の内容

図6-2 評価表の例

> みなさんの活動に合わせて変えてください。

> いつにとったアンケートかわかるようにしておくと便利です。

平成●年 ● 月 ● 日

介護教室・認知症カフェ参加者アンケート

アンケートは何を把握したいか、目的に合わせて作成するのがコツです。参考までに必要最低限の項目を例示してみました。

本日はご参加くださり、ありがとうございました。今後の活動をよりよいものにするため、アンケートへのご協力をよろしくお願い致します。

本アンケートで得られた結果は、今後の活動の参考にする以外は利用致しません。また個人情報が守られるよう、アンケート調査票は鍵がかかる保管庫に収納致します。

本アンケートに参加しないことによって、今後の参加が制限されるようなことは、一切ございません。

Ⅰ．ご参加されている方について

> アンケート目的、個人情報保護など最初に説明を記載しておくとよいでしょう。

お名前：＿＿＿＿＿＿＿＿＿＿＿＿　性別：男性・女性　年齢：＿＿＿＿＿＿歳

問1　属性について

> 回答しづらい方もおられるので、30代・40代…と選択肢を設定することもよいかもしれません。

> 現役の認知症介護者や認知症の人の参加が多く介護実態を知りたい場合は、下記【介護教室】の設問もご参照ください。

【認知症カフェ】
例：どのようなお立場でご参加されましたか。該当するものに〇印をご記入下さい。
　　（介護者、認知症の人、専門職、企業人、一般市民、民生委員など、選択肢を設定）

> アンケート調査で用いる「介護」について、「本アンケートでは見守りや安否確認も含みます」など書いておいてもよいでしょう。

【介護教室】
例：要介護者（認知症の人）とのご関係について、該当するものに〇印をご記入下さい。
　　　　　　　　　　　　　　　（配偶者・子供・義理の子供・孫・兄弟など、選択肢を設定）

例：あなたは主たる介護者ですか。　　　　　　　　　　（はい・いいえ）
例：あなたの介護年数は何年程度でしょうか。　　　　　（　　　　　年）
例：あなたの介護は、要介護者が認知症の診断を受けてからでしょうか。（はい・いいえ）
例：あなたの1日あたりの介護時間　　　　　　　　　　（　　　　　時間）
＊＊＊＊＊
例：認知症の人は、認知症の診断を受けていますか。　　（はい・いいえ）
例：認知症の人は、認知症の診断を受けて何年程度でしょうか。（　　　　　年）
例：認知症の人の診断名は何でしょうか。該当するものに〇印をご記入下さい。（診断名列挙）
例：認知症の人の要介護度はどの程度でしょうか。該当するものに〇印をご記入下さい。

> 選択肢として要介護度を列挙する際、「未申請」「申請中」なども入れるとよいでしょう。

第6章　活動の評価

問2　活動内容の評価について

例：本日参加された目的をご記入下さい。（自由記載）

> 今後の広報などの参考になる重要な設問です。

例：今回の●●●（活動名）についての情報をどこでお知りになりましたか。
　　（ポスター、案内状、ホームページ、口コミ、紹介<紹介元：　　　　　　>
　　　その他<具体的に：　　　　　　　　　　　　　>　　　　　　　　）

例：過去に、今回の●●●（活動名）に何回参加されましたか。　　　（　　回）

例：過去に、今回の●●●（活動名）のような活動に何回参加されましたか。（　　回）

> 社会的支援へのアクセス度がみえてくる設問です。

例：本日の●●●（活動名）に参加したお気持ちについて、あてはまる数字に〇印をご記入下さい。

0非常に不満足　1不満足　2やや不満足　3やや満足　4満足　5非常に満足

例：本日の●●●（活動名）にまた参加されたいですか。あてはまる数字に〇印をご記入下さい。

0全く参加したくない　1参加したくない　2やや参加したくない　3やや参加したい　4参加したい　5非常に参加したい

> 活動啓発のきっかけと考えられる設問です。

例：本日の●●●（活動名）を他の人にも勧めたいですか。あてはまる数字に〇印をご記入下さい。

0全く勧めたくない　1勧めたくない　2やや勧めたくない　3やや勧めたい　4勧めたい　5非常に勧めたい

例：今後の活動で取り入れてほしいこと、やってみたいこと等、ご自由にご記入下さい。

例：今後の活動の進め方について、ご意見やご要望等、ご自由にご記入下さい。

> どちらかを聞く形でもよいでしょう。しかし活動やプログラム内容と企画・運営に関する設問は分けておくと、回答の整理がしやすいメリットがあります。

【介護教室】

介護教室に参加することで、参加者の介護や心理状態に変化があったかどうかを「活動の評価」にしたい場合があると思います。その際は、下記なども参考にしてみて下さい。

例：介護教室に参加したことに伴う『変化』についておたずねします。

（1）介護に対するあなたの精神状態の変化について、あてはまる数字に〇印をご記入下さい。

非常に悪くなった　悪くなった　やや悪くなった　変化なし　やや良くなった　良くなった　非常に良くなった

（2）認知症に対するあなたの理解の変化について、あてはまる数字に〇印をご記入下さい。

全く理解が進んでいない　理解が進んでいない　あまり理解が進んでいない　変化なし　やや理解が進んだ　理解が進んだ　非常に理解が進んだ

> 謝辞も忘れずに！今後の協力度がアップします。

> 認知症カフェでは一般の方も参加されていますから、この設問を設定してみてもよいかもしれません。

ご協力ありがとうございました。　●●一同

図6-3 介護教室プログラム参加（3か月間）によるストレス反応の変化

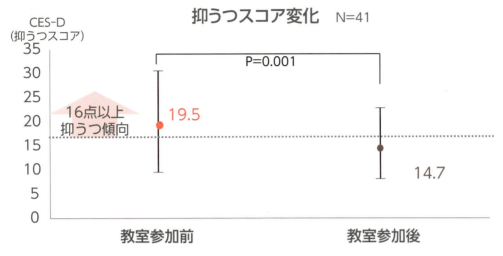

出典：国立長寿医療研究センターもの忘れセンター編『あした晴れますように』117頁、2016年

2 プロセスの評価：連続型プログラムにおける毎回の活動評価

　プロセスの評価とは、「サービスや支援（本章では、プログラム）の対象に対し、意図されたとおりに提供されたか否かの評価」と定義されている[1]。そして、プロセス評価を行う時期は、①導入ステージ、②発展ステージ、③効果顕在ステージに分けられる[1]。以下、①導入ステージ（A：介入前もしくは介入開始早期、B：介入開始後（一旦振り返り期））、②発展ステージに該当する評価内容について、当センターの家族向け認知症介護教室（以下、介護教室）（開始1年目）を例に説明していく。

　当センターの介護教室の参加者は、自ら参加希望を表明した人である。しかし、プログラム運営の視点からすれば、「参加者は参加意欲に燃えた、熱心な方々」という把握にとどまっていては、活動の発展につながる貴重な情報を見過ごしかねない。参加意欲の「源」は何か―介護に行き詰まっているのか、同じ経験を有する仲間と出会いたいと思ったのか、正しい知識や技術を習得したいと思ったのか、さまざまな参加動機があるはずだ。

　ここで考えられる評価内容が、「ニーズ評価」になる。ニーズ評価の切り口を例示するなら、「今回参加したきっかけは何か」「参加して何を得たいと思っているか」等の設問を設定することになる。これらを把握することは、プログラム運営の視点からすれば、持続可能な取り組みにするため、また参加啓発で用いる文言（キャッチフレーズ等）のヒントを得るために、非常に重要だといえる。

　本項では、当センターの介護教室で実施したプロセス評価の実例を示す。

　まず、プロセス評価の目的は、①介護教室プログラムへの参加によって、参加者の短期的ストレス低減につながっているかどうか、②プログラムによって、参加者に心理的負担感を与えていないか、以上2点を見極めるためであった。第2章第3節で紹介したように当初、介護教室を6か月間に12回実施するプログラムを実施していた。開講期間を3か月に短縮するにあたり、参加者への効果がみられるコンテンツを選択するために、評価結果を使用する計画であった。

　本評価で用いた尺度の1つが、一時的気分変容尺度（The Validity of Temporary Mood Scale：TMS）であった。下位項目は、ネガティブな感情（抑うつ、怒り、疲労、緊張、混乱）、ポジティブな感情（活気）で構成され、各感情15点満点で算出される[10]。この尺度を用いて、各回のプログラム開始前と終了後に参加者の感情の変化を評価した。

第2節 評価の内容

　結果、プログラム終了後にネガティブな感情は、スコアが低下、ポジティブな感情はスコアが上昇する、望ましい結果がみられた。特に、「パーソン・センタード・ケアの考え方」「認知症の人とのかかわり方」「介護地図作成による介護の振り返り、地図を用いた社会的支援の活用方法討議」の3コンテンツでは、統計学的に有意な結果であった。これらのデータ結果から、3か月実施型プログラムに組み込むコンテンツ候補のエビデンスが示され、第3章で示した「介護教室プログラム」が完成したのである。

第 3 節 これからプログラムの評価を実施する方へ

1 | 留意点

　最後に、評価を行う際の主な留意点を述べる。評価を聞き取り（インタビュー）、自記式アンケートで行う際、6点の説明が必要である（図6-4）。

　6点をわかりやすく説明し、評価への参加の同意を得たうえで実施することが重要である。研究でいう倫理的配慮と同様である。また得られた評価結果は、評価参加者の全体的な傾向として、わかりやすい表やグラフで結果を示し、フィードバックしていくことも重要である。それが、評価実施者の責任でもあり、評価参加者との信頼関係の構築にもつながる。

図6-4 評価を実施する際の説明事項

① 評価の趣旨や内容説明
② 評価方法と所要時間
③ 評価への参加自由
　（参加しない場合に、プログラムや活動に参加できないなど不利益を被ることがない）
④ 評価への参加撤回の自由
⑤ 評価における自由な意思表示の保障
　（評価結果によるサポート内容や量に「差」を生じさせるなど公平性を欠く対応がない）
⑥ 評価結果の活用場面や方法（無記名で個人が特定されないようにする）

2 | 評価結果の共有

　得られた評価結果を、プログラム運営者が所属する部門のメンバーや組織幹部に提示することも望ましい。

　例えば、試行的にはじめた活動やプログラムの場合、参加者の行動や心理変化などの効果が明らかになっている、参加者の参加希望が示されている、プログラムを運営していくうえでの課題が明確にされているなど、「エビデンス」が示されると、組

第3節 これからプログラムの評価を実施する方へ

織の管理者や同僚の理解、協力を得やすくなる。プログラムの継続を検討していくにあたり、組織的な意思決定場面で結果を活用することができる。プログラムを継続していくうえで、時間的・人員的・経費的側面が懸案事項になっているのであれば、なおさら、評価結果の提示は重要である。

そして、組織の人員配置に余裕があるようであれば、評価は、プログラム運営者とは異なるスタッフの対応が望ましい。参加者のなかには、「評価における自由な意思表示の保障」を丁寧に説明しても、「お世話になっているのに、思ったことをストレートに言ってしまうのは申し訳ない」「何を言っても（書いても）大丈夫と説明しているが、実は、気を悪くして、つらくあたられるのではないか」など、遠慮や不安を抱えている場合も多い。その結果、優等生的な回答ばかりが表出される懸念もある。これでは、真のニーズ、状況、結果を評価できない可能性がある。運営者とは異なるスタッフが評価を行うには、組織の協力が必要になる。そのためにも評価結果を、所属する部門のメンバーや組織幹部に提示することが重要である。

評価の実施は、プログラム運営者のエンパワメント[*8]につながる。介護教室や認知症カフェなどの運営や参加者に対応しているスタッフは、表情、声、態度で適正な感情を演出することを求められる感情（労働・対応）従事者[11]である。プログラム運営の義務感に追われてしまう、組織の意思決定力が大きい、もしくは影響力の強い人物に逆らえない[12]等により、運営者の声が採用されにくい環境は、バーンアウト（燃え尽き）につながる。

しかし、評価の結果や参加者の回答が、時として、運営者たちの労をねぎらうものになり得る。一方では、プログラム運営や内容を改善していくポイントが示唆されることにより、さらに、よりよいプログラムをつくりたいという「意欲」にもつながっていくだろう。苦労をねぎらい、モチベーションの向上につながる、「評価の実施」というエンパワメントは、ストレス反応の低減につながる。したがって、プログ

＊8 エンパワメント

C.B.Germain, Gitterman.Aは、「生活ストレスは、人が生活環境と共存する能力（Coping）が弱い、生活環境が人間のニーズに適応する力（response）と調和しない場合に発生する」という考えに基づき、人の能力（Coping）を高めるために能力付与を行い、周囲の環境を変えたい動機づけを行うことをエンパワメントと定義した。また安梅（2005）は、「元気にすること、力を引き出すこと、そして共感に基づいた人間同士のネットワーク化」としたうえで、「当事者や当事者グループが、自らのWell-beingについて十分な情報のもとに意思決定できるよう、ネットワークのもとに環境を整備すること」と定義している。つまり、文中の「生活」を「仕事・職場」に置き換えて、読んでいただきたい。環境は、「職場環境」と具体的に言ってもいいであろう。

ラム実施の評価が、プログラム運営者のセルフケアにもなり得るのである。

【引用文献】
1) 安田節之『ワードマップ プログラム評価——対人・コミュニティ援助の質を高めるために』新曜社、140～163頁、2011年
2) 安梅勅江『エンパワメントのケア科学——当事者主体チームワーク・ケアの技法』医歯薬出版、15～17頁、2004年
3) 安田、前掲書、174～175頁
4) 安田、前掲書、111頁
5) 安田、前掲書、177～182頁
6) 安梅、前掲書、14頁
7) 安梅、前掲書、176頁
8) 安田、前掲書、174～177頁
9) 島悟・鹿野達男・北村俊則・浅井昌弘「新しい抑うつ性自己評価尺度について」『精神医学』第27巻第6号、717頁、1985年
10) 徳田完二「一時的気分尺度（TMS）の妥当性」『立命館人間科学研究』第22号、1～6頁、2011年
11) 武井麻子『ひと相手の仕事はなぜ疲れるのか——感情労働の時代』大和書房、20～23頁、2006年
12) Gambrill E., 'Evidence-based Practice: An Alternative to Authority-Based Practice', Families in Society, 80 (4), pp.341～348, 1999.

第7章

持続可能な活動のために

第7章　持続可能な活動のために

　新オレンジプランを基軸に、家族向け認知症介護教室（以下、介護教室）や認知症カフェなど、地域で家族介護者や認知症の人を支える活動が盛り上がりをみせている。今までなかったものを新たにつくりあげていく時期は、開催箇所数や実施回数、参加人数など、わかりやすい目標の設定が、活動実施者のモチベーション維持のためには重要である。しかし、数だけに一喜一憂していると、誰のために、何のために介護教室を実施するのか、本来の目的を見失いかねない。

　そこで本章では、医療機関及び地域包括支援センターや保健センターなどの機関が、その担当地域で実施している、家族介護者や認知症の人を支える諸活動を無理なく、息長く続けていくために検討すべき点について、実例をもとに述べていく。

第 1 節 参加者に対する視点

　家族向け認知症介護教室（以下、介護教室）や認知症カフェなど集団単位で家族介護者等の参加者を支援する場合、理想は、あらゆる参加者の要望を完全にくみ取ることである。しかし、参加者の人数が多い場合、現実的にそれは難しい。

　解決策の一例として、第2章や第6章で調査に基づくニーズ把握、その結果をプログラム等の活動に反映させていく方法を示したが、留意すべき点がある。評価の結果、提供したプログラムに対する満足度で、「普通」以上が多くを占め、かつ、今後実施してほしいプログラム等の要望（自由記載）について何も記載がない場合、プログラムの企画者・運営者はどのような判断をするだろうか。多くは、「現状のプログラムで問題なし」と判断するだろう。そこに落とし穴がある。

　それは、評価結果が参加者のニーズを「完全に」示しているわけではないからである。第2章や第6章で記した内容と矛盾するように思われるだろう。しかし、無記名のアンケート（聞き取り式・自記式）を実施しても、参加者が、筆跡から個人が特定されないか懸念して真意を記載しない場合や、遠慮や煩雑さから自由記載の記入を回避する場合が想定される。

　参加者のなかには、プログラムの企画者や運営者に対する「感謝」と「要望や改善点等（批判的、クレーム的内容も含む）を伝えること」を天秤にかけた結果、後者のような意見の表出を控えてしまう場合もあり得る。プログラムの企画者や運営者（ボランティアも含む）が、参加者に対して最近の介護状況を尋ねるような会話、何気ない雑談のなかで、「参加中のプログラムでやってみたいことや提案などを教えてほしい」といった話題を向けてみるのも、参加者のニーズを把握する有効的な方法の1つである。このような話題を参加者に向けてみることで、アンケートでは把握しきれなかった真のニーズや企画のヒントを得られる。そして、参加者の提案をプログラム等の企画に反映させることにより、参加者自身は、参加継続の意欲を高めるだけではなく、地域における「こころのよりどころ」や「居場所の存在」を再認識しやすくなるだろう。

　つまり、プログラムの企画者や運営者（ボランティアも含む）が、参加者に対する個別アプローチをさりげなく実施することにより、いくつもの相乗効果が期待されるといえる。

第7章　持続可能な活動のために

第2節 企画者・運営者に対する視点

1 専門職のサポートスタッフを育成する

1 意義

　介護教室を企画・運営するには、中心となるスタッフだけではなく、企画・運営サポートスタッフ（以下、サポートスタッフ）がいると心強い。当センターでは、介護教室の企画・運営スタッフを担っていたのは、医師・看護師・ソーシャルワーカーであった。そして、プログラムの企画者・運営者を専門職の立場でサポートするスタッフとして、看護師を採用した。多くの場合、企画・運営を専門職の立場でサポートするのは、ケアマネジャー、ソーシャルワーカー、看護師（保健師も含む）だろう。

　専門性が細分化されている昨今、専門職といえども、認知症の人や家族に対応する機会が少なく、認知症やそのケアに対する実践的な対応力が十分でない場合もあり得る。そのため、専門職養成時の知識と臨床現場で求められる対応力の乖離を埋める必要がある。次項では、当センターのサポートスタッフ教育を例に、知識と対応力の乖離を埋めるための具体的な方法を述べていく。

2 方法

　当センターには認知症看護開発チームがあり、このチームに介護教室の運営サポートを依頼した。認知症看護開発チームは、病院全体で、認知症看護・治療に対する実践力の定着と質の向上を目標に、各病棟における認知症看護の見直し、認知症看護に関するセミナーや研究会の開催に取り組んでいる。

　認知症看護開発チームは、11名の看護師で構成されている。その内訳は、各病棟より選出された代表の看護師1名（合計7名）、老人看護専門看護師2名、認知症看護認定看護師1名、副看護部長1名である。

　先駆的な活動を推進するチームであったが、唯一、外来診療場面での実践的な取り組みが不足していた。病棟では、入院期間中のベッドサイドケアを通じ、時間をかけた患者や家族との関係性の構築が可能である。しかし外来診療場面では、短時間で

企画者・運営者に対する視点　第2節

患者や家族の客観的状況を把握するだけではなく、治療やケアに対する思いを傾聴できるような関係性の構築が求められる。

　同じような状況が想定されるのが、介護教室なのである。運営のサポートという形で介護教室に参画することが、認知症看護開発チームの活動目標に合致するのはいうまでもない。それ以上に、認知症の人や家族の実態を知ること、認知症の人や家族の立場に立った支援のあり方を体感するなど、学びの機会の創出が期待された。そのため、特に、認知症の人や家族に接する機会が多い急性期病棟から選出された代表の看護師7名に対し、運営サポートを依頼した。また、認知症のBPSDや付随する身体疾患の症状コントロールを目的とした入院が多い病棟の看護師に対し、ラダー教育[★1]の一環で、介護教室の運営サポートに従事してもらう方式を採用した。

　以上のような形で採用したサポートスタッフに対し、介護教室運営スタッフは3段階のアプローチを実施した。

　まず、サポートスタッフが所属する病棟の管理者（看護師長）への調整を実施した。介護教室開催時のサポート活動の依頼や活動趣旨・内容の説明のみならず、サポートスタッフたちが集まり、介護教室運営スタッフとともに打ち合わせをする機会を創出する依頼が、主な調整内容であった。サポートスタッフは、病棟でのケア業務といった本業がある。

　介護教室の運営サポートを依頼したことにより、病棟のケア従事者が不足し、事故が多発するなど、ケアの質が低下しては本末転倒である。介護教室の企画者・運営者は、サポートスタッフがおかれている立場や状況も勘案しながら、サポートスタッフが所属する部署の管理者に調整を図るような慎重さが求められる。間違っても、介護教室の企画者・運営者の「何が何でも人員を出してほしい」という一方的な要求は、厳禁である。「出せない」「出せ」の応酬に終始し、以後万が一のときに、介護教室の運営サポート等の協力を得ることが難しくなるだろう。

　次に、サポートスタッフ従事予定者に対し、第2章で示した介護教室の目的・目標（表2-4）や介護教室で使用するテキストの事前確認を依頼した。介護教室開催までにサポートスタッフ従事予定者との打ち合わせ会議を開催し、介護教室運営の流れの確認、フリーディスカッションやグループワーク時の対応方法の検討を実施した。特に、フリーディスカッションやグループワーク時の対応方法の検討では、参加者に対し、配慮すべき点、どのようなタイミングで参加者に声かけするとよいのか等につ

★1　ラダー教育：Patricia Benner（パトリシア・ベナー）によって提唱された看護技術を段階的に教育・指導していく手法。

第7章　持続可能な活動のために

いて、相互に確認した。

　そして介護教室終了後には、サポートスタッフに対するフォローアップを実施した。サポートスタッフとして介護教室に参加した感想、うまくいったかかわり、少し戸惑ったかかわり等を自由に表出し合い、次回のサポート活動につながるよう、介護教室運営スタッフが助言している。いくら専門職であっても、慣れない場面に参加し、対応するストレスは計りしれない。参加当初に十分なストレスマネジメントを実施することで、サポートスタッフとして介護教室に参画する「義務感（させられた感、やらされた感）」から、「学びの機会を得た満足感」につながりやすくなると考えられた。

3　結果

　介護教室にサポートスタッフとして参画することについて、看護師自身の主観的効果を明確にするために、介護教室運営スタッフによるヒアリングを実施した。ヒアリングの内容は、活動に参画した感想や気づきであった。その結果、「学び」「ケアへの応用」「反省」「悩みや葛藤への深化」の４点に大別された。

　「学び」「ケアへの応用」は、介護教室で介護の実態、介護者の思いを聞くことで、認知症の人や家族介護者の生活を知ることにつながったり、病棟で認知症の人や家族に対応する際の留意点に気がついたりする等が該当する。これは当初、看護師による介護教室サポートスタッフ制を導入するねらいに掲げていた、「認知症の人や家族の実態を知ること、認知症の人や家族の立場に立った支援のあり方を体感するなど、学びの機会の創出」を達成した証だといえる。

　一方、「反省」「悩みや葛藤への深化」は、「学び」「ケアへの応用」と裏腹の反応だといえる。「反省」では、今まで病棟でできていなかったケア等を述べ、最後に、「ダメですよね」「できていなかったですよね」の言葉が多く示された。認知症の介護の実態や思いを知ることで、それまでの自らの対応の未熟さや不備を知ったことによる反省の弁が表出されたといえる。また、「足りないところ、できていないところはわかったが、時間がないなかで十分対応できるかどうか不安」「理想のケアはイメージできたが、それを実際にできるよう今の状況をどのように改善すればよいのかわからない」等、認知症の介護の実態や、認知症の人、家族介護者の思いを知り、ケアのあり方を改善しようという意識はあっても、臨床現場の現状との狭間で専門職としてどうすればよいのか、葛藤している状況も確認された。この結果は、サポートスタッフ個人の専門職としての技量や資質で解決できることではなく、病棟、ひいては病院

第2節 企画者・運営者に対する視点

全体のケア体制のあり方について、組織として検討していく必要性を示している。サポートスタッフの感想や気づきは、介護教室の運営スタッフやサポートスタッフだけにとどめず、組織運営に従事する者に伝えていく必要がある。それにより、組織全体として、認知症看護・治療の実践力の定着と質の向上につながるといえる。

以上により、看護師による介護教室サポートスタッフ制導入の効果は、自己の看護、臨床現場における認知症の人や家族介護者への対応方法を振り返る機会につながったことだといえる。そして、今回の効果が持続し、臨床現場に波及していくなら、組織全体として認知症看護の質向上につながったといえる日が来るであろう。しかし、前述した方法を病院以外の機関で実践するには、人員的に厳しいものがある。

もし病院以外の機関で、専門職を対象に活動の企画・運営をサポートするスタッフを育成するならば、まず出発点は、地域包括支援センター、医療機関、社会福祉協議会、介護保険制度に基づくサービス（通所系サービス、訪問系サービス、滞在系サービス）提供機関への声かけであろう。具体的には、その機関を利用している認知症の人やその家族とともに、専門職にも開催中の活動（介護教室や認知症カフェなど）の見学に来てもらうよう依頼するとよいだろう。見学が実現したなら、専門職に実際の活動を見てもらいながら、活動の趣旨やその内容を説明し、もし可能であれば、一緒に活動をつくっていきたいと声をかけてみる。日々の業務に忙殺されている専門職が、自らの業務とは直接的にかかわりのない活動を常にサポートすること、ましてや、その活動をサポートするための研修会に何度も参加するよう要請することは、不可能である。専門職が担当している当事者とともに、介護教室など活動の実施場所に足を運んでもらいながら、その際に活動の企画者・運営者と言葉を交わし、活動の実態を知ってもらうことも効率的な研修になり得る。このような機会を重ねていき、専門職の自主性にまかせる形で、できる部分から、活動の企画・運営のサポートを担ってもらえるよう、地道に関係構築を図っていくことが重要である。

2 | 非専門職のサポートスタッフを育成する

1 意義

地域では、NPO・（認知症や介護にかかわる）当事者団体、市民（グループ、個人）が、介護教室や認知症カフェなどの企画者・運営者となっている場合が多いだろう。あわせてサポートスタッフも非専門職で構成される場合が多いと推測される。これら

の人材のなかに、認知症の人や介護者にかかわった経験のある人、現在介護を実施している人が含まれている場合も多い。介護教室や認知症カフェ等の参加者にとって、同じ経験がある、もしくは同じ境遇にある人との交流は、認知症や介護サービスに関する知識や情報の交換、認知症の人に対する対応方法の伝授等、「経験知」の交換につながるだろう。さらには、介護上の悩みを理解してもらいやすいといった安堵感を得られるだろう。それだけに、認知症の人や介護者にかかわった経験者、現役介護者が企画・運営サポートスタッフとして参加する意義は非常に大きい。活動を充実させるためには、介護教室や認知症カフェ等の企画・運営サポートに非専門職として有志で参加するスタッフ、つまりボランティアの参加や育成が重要となる。今後、認知症地域支援推進員を中心に、ボランティアの養成が行われていくだろう。本項では、運営サポートにかかわるボランティアの養成方法やその留意点について、当センターでの取り組みを例に述べていく。

2　方法

① ボランティア養成プログラム

　当センターでは、セルフヘルプの観点から介護教室修了者を対象に、ボランティアを募集した。ボランティアの役割は、介護教室の社会福祉の講義のサポート[2]、介護教室修了者のつどい[3]における参加者への対応サポートとした。その結果、10名の希望者（以下、ボランティア）がいた。10名のボランティアのうち、9名が現役の認知症の人の在宅介護実施者であった。

　10名のボランティアからは、「ボランティアとして活動する前に、もう少し勉強したい」という要望もあり、ボランティア養成も兼ねた勉強会（以下、運営ボランティア養成講座）を実施した。学習プログラムは、ボランティアの希望と文献[4]を参考に、介護教室運営スタッフのうち3名（医師・看護師・ソーシャルワーカー）が作成した。

　運営ボランティア養成講座のプログラム内容は、ボランティアとして活動する際に必要な実践的知識（演習系）、介護者として以後、認知症の進行予防や介護の行く

---

[2] 介護地図に基づく介護体験の発表。第3章第2節「4 社会福祉領域」参照
[3] 当センターでの呼称は「茶話会」。第5章第2節「2 全プログラム終了後」参照
[4] Caring to Help Others: A Training Manual for Preparing Volunteers to Assist Caregivers of Older Adults, Eisai, 2000.

第2節 企画者・運営者に対する視点

末を検討する際に必要な知識（座学系）に大別された（表7-1）。参加者の大半が現役介護者であったため、約6か月間で7回開講（月1回開講）するといった、ゆっくり学びを進める方式を採用した。講義方式は、グループワークやロールプレイなど演習を多く用いた。その理由は、学びを通じた介護ストレスの解消、以後ともにボランティア活動を担う者同士の関係性構築をねらいとしたためである。運営ボランティア養成講座開始から6か月後、参加者の関係性は親密になり、今後の活動のあり方を検討し合えるほどの団結力が芽生えはじめていた。

表7-1 認知症介護教室の運営ボランティア養成講座のプログラム

回	領域	テーマ	講師	一般公開有無	時間
1	心理・社会福祉	【演習】他者の話を引き出すワザを身につけよう	Ns・MSW	無	90分
2	心理・社会福祉	【演習】グループ全員が話せるようなマネジメント力	Ns・MSW	無	90分
3	心理・社会福祉 医学	【演習】私の支援者って誰？―私の介護地図を作ろう― 【講義】若年性認知症の基礎知識（治療と支援）	MSW Dr・SW	無 有	90分 90分
4	医学	【講義】手軽にできるリハビリテーション―脳活性と転倒予防のリハビリ―	PT・OT	有	60分
5	社会福祉	【講義】介護に役立つ制度と経済的支援	SW	有	90分
6	医学・看護	【講義】認知症の人の終末期を考えてみよう 【演習】認知症の人にとって最善の決定とは何か	Dr・Ns Ns・MSW	無 無	90分 60分
7	総合（医学・看護・社会福祉）	【講義】これからの認知症医療と介護 【座談会】認知症Q&A	Dr	有	120分

※Ns＝看護師、SW＝ソーシャルワーカー、MSW＝医療ソーシャルワーカー、Dr＝医師、PT＝理学療法士、OT＝作業療法士

第7章 持続可能な活動のために

② 学び終えた後の実践の場

　次のステップとして、運営ボランティア養成講座を終えたボランティアには、実践の場が必要であった。ボランティアからも、さらに「実践的な学び」の要望があった。介護教室運営スタッフ、ボランティアと相談のうえ、まずは、介護教室の各講義でのフリーディスカッション時に、参加者の悩みを聴いたり、助言したりするサポート役を担ってもらうことになった。その際に、運営ボランティア養成講座のプログラムの作成にもかかわった介護教室運営スタッフが、ボランティアの活動状況を見守るようにした。そして、ボランティアには、サポート活動後に記録をつけてもらい、介護教室運営スタッフが個別にコメントを記載することで、フィードバックを実施した（表7-2）。これらの取り組みは、ボランティアの心身の状況や介護の状況に合わせ、約1年かけて実施した。

　さらに自信をつけたボランティアは、自らの介護体験を伝え、ほかの家族介護者の力になりたいという要望を抱いていた。介護教室運営スタッフ、ボランティアと相談のうえ、介護教室の講義（社会福祉）のサポート役を担ってもらうことになった。社会福祉の講義では、自らの介護環境や感情を介護地図に図示し、必要な支援を検討すること、自らの感情を整理することをねらいとしている。ボランティアには、介護を始めた当初、そして現在について、2枚の介護地図を作成してもらい、介護地図を用いて、介護上の苦悩や工夫を介護教室参加者に話してもらった。運営ボランティア養成講座ですでに介護地図の作成と活用方法を学習していたため、ボランティアにとって講義のサポート役は、学びの実践であった。講義に向けた準備の不安や、不明な点は、介護教室運営スタッフが随時フォローし、ボランティアの過剰な負担にならないように配慮した。講義のサポート役を終えた後、感想などをヒアリングするだけではなく、講師役を担ってもらったことへの感謝を伝えるようなフォローアップを実施した。そのなかで、「準備に四苦八苦した」という感想と同時に、「自らの介護体験が誰かの役に立てることがうれしかった」「自分の介護の歩みを振り返ることができて、自信になった」「介護という経験が無駄じゃなかったと気づいた」というような、ポジティブな感情表出が多くみられた。

　そして、運営ボランティア養成講座終了から約2年後、介護教室修了者からの要望があって誕生した「介護教室修了者のつどい（以下、茶話会）」の企画・運営を担ってもらうことになった。同じくして、ボランティアは自らのグループに、「楽ちん♡」という名称をつけた。名称をつける行動は、グループに対する愛着や活動意欲の表れだと思われ、介護教室運営スタッフは温かく見守るスタンスをとった。もともとボラ

企画者・運営者に対する視点　第2節

表7-2　ボランティア活動記録＆フィードバックシート

活動日：　　年　　　月　　　日　　　　　　　　　氏名：

【今日、ボランティアとして、できたこと、嬉しかったこと】

【今日、ボランティアとして、できなかったこと、後悔したこと】

【今日の活動では、今まで学んだ内容のうち、どんな内容を活かしましたか？】
　　　　　　　　　　　　　　　　　　　　※特にない場合は、「なし」でOK

【次回の活動での目標！】

【今日の私の取り組みについて】
活動意欲はどれぐらいありましたか？（10段階評価：0が最低値、10が最高値）
　　　　　　　0・・1・・2・・3・・4・・5・・6・・7・・8・・9・・10
活動のでき具合を自己評価するとどれぐらいでしょうか？
　　　　　　　　（10段階評価：0が最低値、10が最高値）
　　　　　　　0・・1・・2・・3・・4・・5・・6・・7・・8・・9・・10

【質問】

【スタッフからのメッセージ】

第7章　持続可能な活動のために

ンティアは、ほかの家族介護者の悩みを聴き、助言する役割を担いたいという希望をもっていた。一方、茶話会は、家族介護者同士の交流を重視するねらいがあった。そのため、ボランティアの希望は、実践的活動の場として最適であった。ボランティア間での話し合いの結果、茶話会の会場設営（図7-1）、進行を担うことになった。また、茶話会では、それぞれのテーブルにボランティアが座り、参加者に近況をたずねながら声をかけたり、介護上の悩みや悲しみをみせた参加者に寄り添ったりというかかわりが、メインの活動となった（図7-2）。

図7-1 ボランティアによる会場設営

ふとしたところに、おもてなしの心配りがみられる（茶話会受付にて）

各テーブルにテーブルクロス、お花、手づくりのグループ札、そしてお菓子と飲み物。毎回、必ずセッティングされている（茶話会会場にて）

第2節 企画者・運営者に対する視点

図7-2 茶話会で傾聴を実施するボランティア

時には、先輩介護者として、あるときは参加者同士のつなぎ役として大活躍

第7章 持続可能な活動のために

3　結果

　以上により、当センターで育成したボランティアの活動は、介護教室の各講義でのフリーディスカッション時のサポート役、介護教室の講義（社会福祉）のサポート役、茶話会の運営・進行に集約され、2年間は問題なく活動が進展した。ボランティアは、これらの活動を通じて、自らの介護感情を整理すること、さまざまな家族介護者に合わせた柔軟な対応をすることなど、スキル習得に対する満足感を有していた。それ以上に、「他者の役に立てることに対する喜びが最大の収穫」とポジティブな感想を表出していた。当センターのボランティア活動での収穫は、ボランティアが生活するコミュニティでも存分に発揮されることが期待されるものであった。実際、ボランティアの数名が、コミュニティでの傾聴ボランティア活動を行ったり、介護に悩む隣人の話を聴いたうえで地域包括支援センターに相談に行くよう助言したりしたといった報告があった。そして、しだいにボランティア同士で茶話会の会場設営や進行、参加者サポートを担うようになり、介護教室運営スタッフの手を離れていった。同時に、医師が顧問的立場から、ボランティア活動を見守る体制にシフトした。

　しかし、この体制にシフトして2年後、ボランティアの活動は見直しの時期を迎えている。家族を突然亡くし悲嘆に陥っている者、家族の認知症が悪化した者、複数の要介護者を抱えることになった者など、ボランティア自身の介護環境が激変したのである。これらの変化により、ボランティア自身がほかの介護者のために費やす心身及び時間的余裕がなくなり、それまでどおりのボランティア活動の継続が困難になった。

4　今後の課題

　現役の家族介護者がボランティアとしてほかの介護者にかかわるメリットは、前述したとおりである。しかし、そのボランティア自身も、時には支援を要する介護者である。それだけに、ボランティア自身のケアも大切であり、顧問的な立場での見守りだけではなく、介護教室運営者との打ち合わせ機会を設定するなど、定期的なフォローアップが必要であった。同時に、さらなるボランティアの育成を進めておく必要性があったといえる。

　ボランティアはあくまでも「自発性に基づく有志の活動」であり、専門職と同等の責務を担う義務を強要されるものではない。介護教室や認知症カフェ等の企画者・運営者は、ボランティアの善意を都合よく活用しないよう、心得ておく必要がある。

企画者・運営者に対する視点　第2節

　また、介護教室や認知症カフェ等の活動に賛同する人や参加者のうち、ほかの参加者のために自らの経験や知識を活かしたい人材がいないか、常にアンテナを張りめぐらせておくことも必要である。いずれ、活動にかかわるボランティアになる可能性があるからである。このような人材候補者について、各地域で情報集約を行うしくみを構築する必要があるだろう。そして、ボランティアの事前学習についても、それぞれの活動実施機関の企画者・運営者たちが共同で学習体系を協議することも重要であろう。

　同時に、ボランティアの育成プログラムの有無、活動場所、活動内容などの情報や、ボランティア希望者の受け入れ窓口を一元化するしくみを整えていくことが望ましい。これらの情報集約の担い手として、認知症地域支援推進員やボランティアセンタースタッフなどが想定されるが、地域の事情に応じたしくみが最善である。このような、介護教室や認知症カフェ等の地域活動にかかわるボランティアの育成や募集に関する情報集約のしくみを整備することが、「認知症にやさしいまちづくり」にもつながるだろう。さらには、日本の古き良き文化であった「ご近所づきあい」を取り戻すような、互助を醸成する土壌の再構築にもなるといえる。

3 | 活動の理解と周知

　介護教室や認知症カフェ等の活動に限らず、何らかの取り組みを継続させるためには、四大経営資源でもあげられている「ヒト（人材）・モノ（物品）・カネ（資金）・情報」[1)]の充足が必要である。前項までは、介護教室や認知症カフェ等の活動を持続させるために必要な人材育成について述べてきた。本項では、「情報の充足」について、愛知県で実施した調査や研修会の結果をもとに、留意すべき点を述べていく。

1　「情報の充足」と「周知活動」

　介護教室や認知症カフェ等の活動において「情報の充足」といえば、活動の開催時期・場所・内容・対象者・費用など、「参加募集事項の周知や広報の充実」を意味することが多いだろう。特に活動の企画者・運営者は、参加者をいかに多く集めるかについて、検討や準備に多くの時間を割くだろう。

　現に、当センターが実施した「愛知県内における家族介護教室等の運営実態調査」[★5]において、運営上の工夫点と課題点として、多くあげられたのが、「周知手

段」「参加収集や開催通知方法」であった（図7-3、図7-4）。広く活動内容を知ってもらい、多くの人の参加を求めたいという気持ちは、活動の企画者・運営者なら当然であろう。2016（平成28）年11月に愛知県で開催された、活動の企画者・運営者向けの研修会[★6]では、参加啓発で必要な事項について、活動のネーミングの工夫、魅力ある活動企画の立案、初めて参加する参加者の抵抗感が少なくなるような出迎え方やかかわり方、活動の開催時間や場所の工夫が、研修参加者に共通する見解であった[2) 3)]。

　しかし、活動の企画者・運営者だけが、参加啓発や活動募集を含めた「周知」に奔走しても、やはり限界がある。関係する機関や部門との調整、分散する情報の一元化が重要である。そして何よりも、人脈を活用する必要がある。

2　人脈の発掘と活用

　本節第1項で、当センターの看護師を介護教室運営サポートに採用する方法を例示したが、「介護教室の企画者・運営者は、サポートスタッフがおかれている立場や状況も勘案しながら、サポートスタッフが所属する部署の管理者に調整を図るような慎重さが求められる。間違っても、（中略）一方的な要求は、厳禁である」と述べた。

　組織内で活動を企画・運営する場合、活動の始まり方が、組織としてトップダウン式に依頼される場合と組織の一部スタッフの自発性による場合の2つに分かれる。いずれの場合も、活動当初は活動の体裁を整え、稼働させることに必死になるだろう。しかし、計画・準備・実施・フォローアップ・モニタリングといった、活動の企画・運営のすべてを単独もしくは複数名で実施しようとすると、企画・運営疲弊を起こしてしまう。このような事態に陥ると、企画・運営を存続できなくなり、参加者に悪影響を及ぼしかねないことは前述したとおりである。

　重要なことは、企画・運営疲弊を起こさないよう、運営者や企画者を直接的にサポートする人材（ボランティアを含む）のみならず、活動の計画・準備・実施・フォローアップ・モニタリングで、有用な情報や、効果的な方法について助言をくれる人など、間接的なサポート人材を確保することであろう。そのためには、常々から人脈を構築する、地道な取り組みが必要である。

[★5]　2016（平成28）年実施。有効回答数：134か所（教室89か所、認知症カフェ45か所）
[★6]　本研修の対象は、愛知県内54市町村の行政職員、地域包括支援センター、認知症地域支援推進員等120名。研修テーマは、活動への参加啓発の方法。

企画者・運営者に対する視点　第2節

図7-3 運営上の工夫（複数回答）

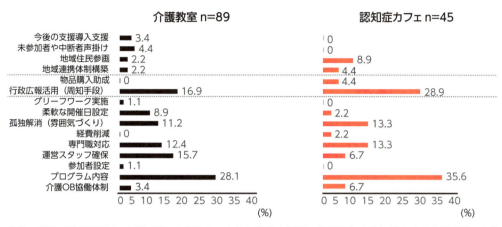

出典：「認知症対策研究・支援　認知症高齢者の家族介護者支援策の効果的な実施に関する研究等事業　平成27年度　実施報告書」国立長寿医療研究センター、40頁、2017年

図7-4 運営上の課題（複数回答）

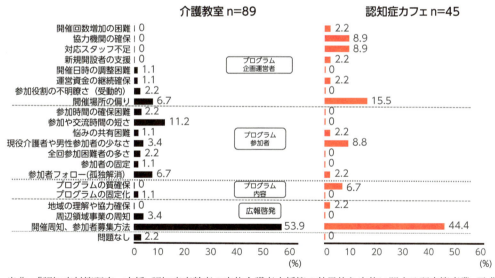

出典：「認知症対策研究・支援　認知症高齢者の家族介護者支援策の効果的な実施に関する研究等事業　平成27年度　実施報告書」国立長寿医療研究センター、41頁、2017年

まずは、企画者・運営者が所属する組織内、関係する地域機関や地域住民に、実施している、もしくは実施しようとしている活動の内容や状況を伝えることである。しかも、アポイントをとって自ら出向く、「歩み寄り」が重要である。企画者・運営者が日常業務で関係している人であれば、比較的、関係を築きやすいが、そうではない人とは、関係を築くきっかけづくりで一苦労すると思われる。企画者・運営者の活動と、協力を依頼したい事柄の関係性、協力を依頼したい理由を根気よく説明を続け、直接的な協力者になってもらえることが最善である。しかし、相手にも事情があって全面的な協力が得られない場合もあり得るだろう。たとえそうであっても、一度は協力を要請したことでできた「縁」を大切に、活動の経過報告や時節のあいさつ等を通じて、つながりを維持することが大切である。相手に時間ができたとき、何かしらの有用な情報を得たときに連絡をもらえるような、ゆるやかなつながりも貴重な人脈となり得る。そして、企画者・運営者が歩み寄った人物を通じて、第二、第三の協力的な人や有用な情報を紹介してもらえる可能性もある。

　以上、企画者・運営者による地道な歩み寄り広報活動は、直接的・間接的サポート人材の採用だけではなく、活動参加の募集でも効力を発揮するだろう。1つの歩み寄りが、目に見える人脈開拓だけではなく、「口コミネットワーク」による広報・周知活動へと拡大していくこともあり得る。特に、地域住民の「地縁」に基づく「口コミネットワーク」の伝達の速さと影響力は、広報や周知において、企画者・運営者の想像を超えた威力を発揮する。企画者・運営者は、息長く続くような活動を企画・運営できるよう、そして自らが第一線を退いても活動が続くよう、常々から地道な人的ネットワークを構築すると同時に、地縁など、活動エリアに元来構築されている人的ネットワークについても、熟知しておく必要がある。

第2節 企画者・運営者に対する視点

【引用文献】
1) 上林憲雄「人的資源管理論」『日本労働研究雑誌』第54巻第4号、38～41頁、2012年
2) 国立長寿医療研究センター「平成28年度 愛知県委託事業 認知症対策研究・支援事業：認知症高齢者の家族介護者支援策の効果的な実施に関する研究等事業実施報告書」9～12頁、2017年
3) 国立長寿医療研究センターもの忘れセンター家族教室プロジェクトチーム「認知症家族介護者教室、認知症カフェ企画・運営者向け 認知症家族介護者のための支援対応プログラム」43～44頁、2017年

【参考文献】
- 木下斉『稼ぐまちが地方を変える──誰も言わなかった10の鉄則』NHK出版、2015年
- 高森敬久・高田真治・加納恵子・定藤丈弘『コミュニティ・ワーク──地域福祉の理論と方法』海声社、1989年

第 8 章

事例でみる
家族向け認知症介護教室の
効果と課題

第 8 章　事例でみる家族向け認知症介護教室の効果と課題

　ここまで家族向け認知症介護教室（以下、介護教室）を中心に、活動の企画、運営、参加者のフォローアップ、活動の評価、活動を継続させる方法など、活動を進めていくノウハウを述べてきた。述べてきたノウハウで実施した活動の結果について、誰もが関心を有する部分だろう。本章では、国立長寿医療研究センターもの忘れセンターの介護教室に参加した家族介護者の変化を示しながら、介護教室という1つの集団的支援の効果、支援の提供課題について述べていく。

Case 1

参加者の介護環境が好転した事例

第8章 事例でみる家族向け認知症介護教室の効果と課題

　家族向け認知症介護教室（以下、介護教室）に参加し、家族介護者の多くが気持ちを変化させる。そこでCase 1では介護教室への参加を通じ、参加していない家族の協力を得られるようになったことで介護環境が好転した事例を紹介する。

1 | 教室に参加する前の介護状況

事例の概要

参加者Aさん（80代、男性）
　介護年数：6年
　居住形態：老夫婦世帯（近隣に娘、孫がいる）。Aさんが単身で介護実施中。
　疾　患　歴：肺がん治療歴あり。肋間神経痛や咳など継続的加療を要している。
　主観的介護負担感（J-ZBI[1) 2)]）：37／88
　フォーマルサポートの利用：デイサービス　3回／週
　努力されていること：介護記録の執筆（要介護者の変化を把握するため）

要介護者Bさん（80代、女性）
　続　　柄：妻
　主 病 名：アルツハイマー型認知症
　認知症の状況：MMSE[3)]　12／30、DBD[4) 5)]　38／112
　日常生活動作の状況：BI[6)]　25／100

　AさんはBさん（妻）と二人暮らしであった。近くに娘と孫がいるが介護にかかわっていない。3年前にAさんが妻の異変に気づき、近医を受診した。その際は、MCI（Mild Cognitive Impairment：軽度認知障害）と診断されたが、Bさんの症状が

悪化し、国立長寿医療研究センターもの忘れセンター（以下、当センター）への受診に至った。診断の結果、アルツハイマー型認知症と診断された。受診当初よりAさんは、Bさんの自宅での様子などをまとめた手紙を外来に持参し、Bさんを大切にしている思いが伝わってきていた。デイサービスを利用しており、できるだけ自宅での介護を続けたいという思いがあった。その一方で、時々Aさんは、在宅介護の限界を感じるときもあり、施設入所もやむを得ないかと思いはじめていた。

　施設入所と在宅介護のはざまで揺れる思いがあったAさんは、内服治療を開始しても、一向に治まる気配をみせないBさんの妄想と昼夜逆転症状に疲弊していた。Bさんは、孫をかわいがっていた。Bさんにとって孫はいつまでたっても幼子のままであった。そのためBさんは、夜泣きを防ぐために孫を背負い続けているつもりになっており、「孫の世話をしなければならない、私が寝てしまったら、孫がおしつぶされるから……」と言い続けて、眠らない日々が続いていた。あの手この手でAさんは、孫が家にいないこと、背負わなくても大丈夫であることをBさんに伝えても、一向に状況は変わらなかった。Aさんは、「なぜこんなことを言うのだろう」とBさんの言動一つひとつが気になって仕方がなかった。「目が離せない！」「もう子どもだ……」と、Bさんができなくなったことを訴え、嘆き続ける日々であった。このような状況に対し、Aさんは、「介護方法を知りたい」「孫がいないことをうまく理解させる方法を知りたい」という強い思いで介護教室の門戸をたたいた。

2｜家族介護者の変化

　Aさんは、ひもときシート＊を使用して、自らの介護状況を振り返り、Bさんにどのようにかかわるべきなのか、考えられることをシートにまとめていた。そのシートは、何度も書き直しされており、苦心の跡が見受けられるものであった。

　後日、Aさんは介護教室運営スタッフに、「自宅に置いてあるひもときシートを、孫が来ていたときにたまたま見てくれて……。そのとき孫が『おじいちゃん、こんなに大変な思いをして介護をしていたんだね』と言ってくれたんですよ」という話をうれしそうに伝えた。このようなやりとりがあってから後、孫や娘が、Aさんの介護に

★　第3章第2節「2　ケア領域」参照

Case 1 参加者の介護環境が好転した事例

対する思いを理解してくれるようになっただけではなく、介護を手伝ってくれるようになったとのことであった。

　さらにもう一つの変化があった。Aさんは介護教室のフリーディスカッションで毎回のように、「妻が薬を飲んでくれない。皆さん、どうされているのでしょうね……」と途方に暮れていた。フリーディスカッションには、介護教室運営サポートスタッフとして看護師が同席していたため、看護師は薬剤師のかかわりの必要性を痛感し、Aさんに、「薬剤師に一度、相談してみないか」と話をもちかけてみた。Aさんの了解のもと、看護師は薬剤師との面談機会を調整した。薬剤師はAさんに、Bさんの状況を確認したうえで、最適な服用方法を紹介した。この面談時にAさんは、常々言い出せなかった、Bさんに対する下剤の使い方に関しても悩みを表出し、相談することができた。

　しかし、Aさんの悩みが完全に解消したわけではなかった。Aさんが孫の写真を見せたり、壁に貼ったりして、「孫はすっかり大きくなったから心配ない」と伝えても、「大事な孫を背負っているから、寝て押しつぶしたらいけない……」とBさんは言い続け、「相変わらず寝てくれない夜もあるんです」というAさんの悩みの吐露があった。しかし、介護教室参加前より変わったことは、孫や娘の力を借りて解決を図れるようになった話が増えたことである。時々、孫がAさん宅を訪れるようになり、Bさんに声かけをすることで、Bさんは、「●●ちゃん（孫の名）、いたんだね」と喜び、安心するようになったとのことであった。介護教室での学びを経てAさんは、Bさんの言動に対し、対処方法を考えて対応できるようになっており、かつ家族に協力を得ることができるようになった。

3 ｜ データからみる介護教室の効果

　前項で述べたAさんの変化を、介護教室参加当初、介護教室修了から3年後の心理状態、介護への対応状況を数値で示した。まずAさんの心理状態に影響を及ぼす介護状況を、Bさんの認知症の心理・行動症状（BPSD）の程度を示すスケール（DBD）、主観的な介護負担の状況を示すスケール（日本語版介護負担感尺度：J-ZBI）で示した（表7-1、表7-2）。Aさんの心理状態は、抑うつ状態を示すスケール（うつ病〔抑うつ状態〕自己評価尺度：CES-D）[7]で示した（表7-2）。

　AさんがBさんの服薬、妄想を含む夜間入眠の対応に苦慮していたことを反映し、

教室参加当初のDBD、J-ZBIのスコアは高い傾向にあった。しかし、CES-Dのスコアは、16点以下の9点で、抑うつ状態ではないという結果であった。抑うつが増加に進む、一歩手前のところで介護教室参加に至ったと考えられる。

そして3年後、DBDのスコアは15点へと大幅な減少に転じている。これは、Bさんが寝たきり状態に至り、歩き続けるなど自発的動作がなくなったこと、妄想を含む発話が減少した結果を反映している。一方でこれらの状態は、家族介護者の心理的状態を悪化させることも想定される。それまでみられた自発的動作がなくなることへの喪失感、寝たきり状態に伴う排泄ケアや体位変換など、身体的介護量の増加が考えられるためである。しかしAさんの場合、J-ZBI、CES-Dのスコアは現状維持、もしくは低下といった肯定的変化を維持している状況であった。つまり、抑うつ状態、介護負担感の増大に陥らなかったのである。その要因は、前項であげた「家族の協力」だと考えられる。

Aさんの心理状態について、肯定的変化の維持を裏づけるデータが、介護への対応状況を示したスケール（介護対処方略：coping strategies）[8）9）]の結果である(表7-3)。介護対処方略スケールは、介護状況に対し、①自分自身の行動や意識を調整することで対応するスキル（カテゴリー1：ペース配分［12点満点］、カテゴリー2：介護役割の積極的受容［16点満点］、カテゴリー3：気分転換［8点満点］）、②他者の支援を得ることで対応するスキル（カテゴリー4：私的支援追求［12点満点］、カテゴリー5：公的支援追求［16点満点］）が把握できる。いずれも、スコアが増大すれば、そのスキルを活用できていることを示している。Aさんの場合、「私的支援追求」のスコアが、3年間で7点（得点率：50％）から8点（得点率：60％）に上昇していた。「私的支援追求」は、家族・友人・知人のサポートを得るような介護対応を示している。前項で示したとおり、Aさんは、介護教室に参加した3か月間で、孫や娘など家族の協力を得られるようになった変化があった。データは、Aさんの発言を裏づけただけではなく、望ましい変化を維持できていることを示していた。介護教室修了後より半年に1回開催されている茶話会(第5章第2節)に欠かさず参加している影響も大きいだろう。いずれにしてもAさんは、「他者の介護協力を得る」といった介護の対応力を真に獲得したといえ、介護教室に参加した効果ともいえる。

しかし、その一方で、他の介護対処方略スケールのスコアは低下しており、Aさん自身の行動や意識を調整することで対応するスキルはスコアが低下している。介護教室参加前の言動でもうかがえるように、Aさんは、Bさんを大切にする思いにあふれており、その結果、介護に一生懸命向き合い、自らを犠牲にしてしまう側面もあった。Aさんの息抜き、そして家族以外の支援を得られるようにする継続的なはたらき

参加者の介護環境が好転した事例 : Case 1

表7-1　Bさんの心理・行動症状

	教室参加前	教室参加修了後（3年後）
DBD	44	15

＊DBD：認知症心理・行動症状の程度を示す。

表7-2　Aさんの主観的介護負担感や抑うつの変化

	教室参加前	教室参加修了後（3年後）
J-ZBI	37	33
CES-D	9	9

＊J-ZBIスケール：日本語版介護負担感尺度。主観的な介護負担の状況を示す。
＊CES-D：うつ病〔抑うつ状態〕自己評価尺度。抑うつ状態を示す。

表7-3　Aさんの介護への対応状況の変化（介護対処方略スケールの変化）

	カテゴリー	配点	教室参加前	教室参加修了後（3年後）
①自分自身の行動や意識を調整することで対応するスキル	ペース配分	12	10	6
	介護役割の積極的受容	16	15	11
	気分転換	8	6	5
②他者の支援を得ることで対応するスキル	私的支援追求	12	7	8
	公的支援追求	16	14	11

第8章　事例でみる家族向け認知症介護教室の効果と課題

かけが必要であることがデータからも読み取れた。茶話会や診察時のフォローアップのみならず、Aさんの了解を得て、院内の他のスタッフ（医師、外来看護師、ソーシャルワーカー、臨床心理士等）や担当ケアマネジャーにデータ結果を示し、ともにAさんやBさんのフォローアップを実施していくような、多職種協働のための連携を図っていくことも重要なアプローチである。

4 まとめ

　最後に、今後、介護教室や認知症カフェ等の企画・運営にかかわる人の参考になるよう、介護教室運営スタッフとして本事例より得られた知見を述べる。
　介護教室は数ある社会資源のなかのインフォーマルサポートの1つにすぎない。しかし、本事例で示したとおり、家族介護者にとって心理状態の安定のみならず、介護で対応できるスキルを習得していた点で、十分効果が得られる重要なサポートである。家族介護者に対する支援を検討する際、専門職はフォーマルサポートのみならず、介護教室等のインフォーマルサポートの活用を常に念頭においておく必要がある。
　しかし、インフォーマルサポートの活用について、家族にすすめる際に留意すべき点がある。要介護者にかかわる家族全員が介護教室等に参加し、認知症や介護について学ぶことは難しいだろう。本事例のように、家族の一人が介護教室で学んだ内容を他の家族に伝えるだけではなく、教材など資料を見せることで、主たる介護者以外の家族に、要介護者のことや介護状況に対する理解を深めてもらう契機になる場合がある。そのため、介護教室等の参加者に対し、学んだ内容を他の家族や知人に提示したり、話したりすることをすすめるアプローチが必要である。
　また、参加者の交流場面に専門職が参加することの効果がある。それは、専門職が家族介護者の悩みを知る機会になり得ること、家族介護者の悩みを解決する術として他職種に協力を要請する「つなぎ役」を担えることである。後者は、前項でも述べた多職種連携と言い換えることができるが、連携を通じ、新たな公的支援の利用につながることもあり得る。
　一方で、参加者の個別の悩みに対応するといった、個別支援をタイムリーに提供できる場合もあるだろう。以上のように、家族介護者のニーズに即した柔軟な支援対応ができる点も重要な効果だといえるだろう。他の業務を抱えながらの参加は至難の

参加者の介護環境が好転した事例 : Case 1

業だと思われる。しかし、改まった場所で、要介護者や家族介護者と面と向かって「アセスメント」を実施するよりも、自然な形で要介護者や家族介護者のニーズ把握が可能になるであろう。さらには、フォーマルサポート以外の支援の重要性について、専門職自身も体感できる貴重な学びの機会になり得るだろう。いわば、介護教室や認知症カフェ等の活動の場は、認知症の人、家族介護者のみならず、専門職にとっても貴重な「共育」の場だといえる。

Case 2 参加者の心理状態が悪化した事例

　Case 1 では家族向け認知症介護教室（以下、介護教室）への参加によって、家族介護者によい影響をもたらす事例を紹介した。

　介護教室や認知症カフェ等の企画者・運営者は、自らの活動が参加者に対して、早期の好転をもたらすものであってほしいと願うのは当然である。しかし、なかにはさまざまな理由で参加を中断する家族介護者もいる。

　中断した家族介護者にとって、中断したこと自体が支援を求めるSOSかもしれない。中断した家族介護者が抱えている思いや潜在的ニーズに焦点をあてる必要があるだろう。そこでCase 2 では、ほかの家族介護者の言葉で介護教室に参加できなくなってしまった事例を示し、介護教室への参加を中断した後のフォローの必要性について述べる。

Case 2 参加者の心理状態が悪化した事例

1 │ 介護教室に参加する前の介護状況

事例の概要

参加者Cさん（70代、女性）
　介護年数：1年
　居住形態：同居【Cさんの次女（40代）、Cさんの義理の息子（40代）、Cさんの孫2名（10代）】
　　　　　　※近隣にCさんの長女がいる。
　　　　　　Cさん、Cさんの次女家族、Cさんの長女が介護実施中。
　主観的介護負担感（J-ZBI[1)2)]）：72／88
　フォーマルサポートの利用：デイサービス　2回／週
　介護への思い：「デイサービス利用回数の増加、施設入所を希望しないため、家族で介護を頑張りたい」という強い意思表示。

要介護者Dさん（80代、男性）
　続　柄：夫
　主病名：血管性認知症
　認知症の状況：MMSE[3)]　21／30、DBD[4)5)]　60／112
　日常生活動作の状況：BI[6)]　100／100

　Dさんは2年前より、もの忘れがあった。異変に気がついていたCさん、Cさんの次女が近医を訪ねるも診てもらえなかったということで、国立長寿医療研究センターもの忘れセンター（以下、当センター）もの忘れ外来の受診に至った。その結果、血管性認知症の診断が下された。診断結果が出た頃から、Dさんの自発的行動が減少し、Cさんたちが行動を促すと、怒り出したり、早朝に自宅を出てから、近隣の長女宅へ行こうとして道に迷ったりといったことが増えていた。同じような傾向は、自宅のなかでも起こっていた。トイレや風呂の場所がわからず歩き回る機会が増えたため、Cさんたちは、扉に名称を書いた紙を貼ったり、紙を示して説明したりしたという。しかしDさんは、字を見て理解することが難しくなっている様子で、逆に混乱する場面

が増加していた。

　Dさんの日常生活において、さまざまなサポートが必要になってきていたなか、Cさんたちが介護を実施するうえで特に困っていたことは、夜間の頻尿であった。2時間ごとに排尿があり、夜間だけで5回もトイレに行く状況であった。しかも、トイレの場所がわからず、放尿や失禁をしてしまう状態であったため、Cさんや次女は目を離せず、安心して眠れない日々が続いていた。

　Cさんは、「施設に預けたくないし、これ以上、デイサービスに通う回数も増やしたくない。自分たちで看たい」という意思を表出していた。同時に、「認知症や介護のことをじっくり学びたい」という希望の表出があった。地元で認知症介護教室に参加していた経験があったそうである。しかし、「同じ話を何度か聞きながら認知症や介護のことを学習していきたかったが毎回話が違うので、話の内容を理解するに至らなかった」という反省から、再度、当センターの介護教室で学び直したいと考え、参加に至った。

2 介護教室参加時の様子

　医師や看護師の講義内容を聞きながら、しっかりメモをとったり、わからない箇所を看護師にたずねたり、積極的な学びの様子がみられた。しかし、介護教室プログラムの第3講目「認知症の症状に合わせた関わり方のコツ」の講義後、グループ内でのフリートークの時間に、Cさんに異変が起こった。Cさんが泣いており、「もうこんなところに来たくない」と言い出したのである。

　フリートークの際、通常は介護教室運営スタッフかサポートスタッフが同席しているのだが、この日に限って、スタッフの都合がつかず、すべてのグループにスタッフを配置することができなかった。何が起こったのかスタッフも把握できず、泣いているCさんに気がつき個別対応を開始したものの、Cさんは混乱し、泣き続けるばかりであった。

　介護教室参加時の混乱直後、そして外来受診時に実施した個別面談を通じ、Cさんの思いが明確になっていった。個別面談は、Cさんの要望に基づき、外来看護師、介護教室運営スタッフが別々に何回かに分けて実施した。

　Cさんのグループは6名で、介護状況や最近の悩みを伝え合っていた。Cさんはグループのメンバーに、最近Dさんが自宅のトイレがわからず、便器以外の場所で排尿

参加者の心理状態が悪化した事例　Case 2

してしまうこと、夜間に何度もトイレのために起き上がるDさんが気になって何度も起きてしまうのでつらいことを吐露していたそうである。そして、「なぜこんなことになってしまったんだろう……」と何気なくメンバーに話したとき、すぐさまほかの参加者より、「これからもっと進行していくのだから、ありのままを受け止めて、『今がいい』と思わなきゃ」と言われたとのことだった。

　Cさんは、決して答えがほしいと思って言ったわけではなく、胸の内を吐き出しただけだったそうである。しかし、「今がいいと思え」「ありのままを受け入れなくてどうするんだ」と言われた言葉がつらかったと涙ながらに語った。しだいにできなくなっていくことが増えている夫（Dさん）の姿を見ているだけでもつらいなか、「今をいいと思え」という意味がわからず、混乱してしまったそうである。

　フリートークの出来事を話しながらCさんは、何度もDさんのことを「かわいそう」「こんな状態になるのであれば、早く逝ったほうがいい」と言い続けた。同時に、「認知症って介護する側にとっても、かわいそうな病気よね」「私って、惨めな存在」「ちょっとしたことで泣いたり、混乱したり、私のこころが弱いからダメなのよね」など、自分自身を責めたり、卑下したりする言葉が続き、さらに涙を流した。

3 | 継続的なフォローと限界

　Cさんが介護教室に通わなくなった後も3か月ごとにDさんの外来受診があったため、診察後に外来看護師がCさんと面談を実施し、介護状況や困っていることなどの相談を個別に受けた。しかし、CさんがDさんの認知症のことや変化していく生活状況を受け入れることができずにおり、介護教室の講義だけでも参加するような意欲は完全に消失していた。看護師からの具体的なアドバイスやかかわりに対しても、「もういいです」と、こころを閉ざすようになってしまった。

　グループメンバーの発言は、間違いではない。「ありのままを受け入れ、今を最善と思う」、そのような感情対処の方法もあり得る。グループメンバーの助言が、Cさんの考えと「たまたま」合致しなかっただけである。しかし、この「たまたま」が、ある人のこころを傷つけ、後々の介護生活に悪影響を及ぼすことがある。だからこそ、介護教室の企画者・運営者やサポートスタッフは、このようなアクシデントに真摯に向き合う必要がある。

　前項までに示したアクシデントを通じ、本事例では3点の検討すべき課題が明確

になった。「相互交流」の効果を過信しすぎないこと、参加者の「相互交流」の向き不向きを見極めること、参加者に「相互交流」への参加を無理強いしないことである。

　相互交流は、介護経験や感情を共有することにより、要介護者の理解を深めること、介護役割に伴う精神的な負担感を軽減すること、家族介護者と要介護者をともに支えるネットワークの構築に効果的だとされている[10)～13)]。しかし、相互交流を図るグループの成員は、生活状況や介護状況、要介護者の状況、介護に対する感情も多様であり、発言をする際の言動には個性がにじみ出る。この多様性に柔軟に対応できる人、交流で語られる話を取捨選択しながら自らの介護に反映できる人は、相互交流が有効な場になるだろう。

　一方で、言いたいことが言えず、ずっと聞き役になってしまう人、他者の話を聞くほど混乱したり、不安を募らせたりする人もいるだろう。極力、相互交流の場に介護教室の企画者・運営者やサポートスタッフが入り、相互交流がうまく図れていない参加者がいれば、話をしやすいように、参加者の間に入って、話をつなぐ方法もある。しかし、それでも交流がうまく図れず、居心地が悪い様子がみられた場合は、参加者の希望も聞きながら、早いうちに個別対応に切り替えるよう、柔軟な対応を実施することも必要である。相互交流のなかに入れるように、いつまでもサポートし続けることは、逆に参加者に相互交流を強要することになり、介護教室への参加が心理的負担感を増やすことにもなりかねない。

　また、10名以上の参加者がいるためにグループ分けをする場合は、相互でかけ離れた話が出ないよう、介護年数、属性、要介護者の状況を考慮する工夫も重要である。

　一方、相互交流の際、またはその後の個別対応時において参加者の様子に「異変」を感じる場合は、参加者にかかわるスタッフや要介護者の主治医等と情報を共有し、要介護者を含めた参加者に対する対応を検討する必要がある。考えられる「異変」とは、虐待やネグレクトが想定されるような要介護者への対応状況の話（例：「ベッドにくくりつけておけば安心」「何も食べないから、そのままにしている」）、介護者自身が追い詰められているような話や様子（例：「通過する電車を見ていたら飛び込みたくなる」「眠れなくて薬を飲むが、そのまま目が覚めなかったらいいと思う日が増えている」、手首に複数の傷がある等）である。

　必要に応じて、要介護者を担当しているケアマネジャーなど、地域で支援を提供している関係者と連携を図ることも重要である。しかし、多職種・多機関連携を図っていく際には参加者を追い詰めないよう、少しずつ参加者の感情の整理と介護環境の

参加者の心理状態が悪化した事例　Case 2

整備を図っていくことに留意すべきである。そして、介護教室などの活動の企画者・運営者やサポートスタッフだけで参加者の課題を解決しようと思わないことが重要であり、ほかの専門職の力を借りることに罪悪感を覚えたり無力感をもったりする必要がないことをこころに留めておくとよい。

【引用文献】

1) Zarit SH, Reever KE, Bach-Peterson J,'Relatives of the Impaired Elderly: Correlates of Feelings of Burden' *Gerontologist*, 20 (6), pp. 649〜655, 1980.
2) Arai Y, Kudo K, Hosokawa T, et al., 'Reliability and validity of the Japanese version of the Zarit Caregiver Burden interview', *Psychiatry and Clinical Neurosci*, 51 (5), pp. 281〜287, 1997.
3) 森悦郎他「神経疾患患者における日本語版Mini-Mental Stateテストの有用性」『神経心理学』第1巻、82〜90頁、1985年
4) Baumgarten M, Becker R, Gauthier S, 'Validity and Reliability of the Dementia Behavior Disturbance Scale', *Journal of the American Geriatrics Society*, 38 (3), pp. 221〜226, 1990.
5) 溝口環・飯島節・江藤文夫・石塚彰映・折茂肇「DBDスケール（Dementia Behavior Disturbance Scale）による老年期痴呆患者の行動異常評価に関する研究」『日本老年医学会雑誌』第30巻第10号、835〜840頁、1993年
6) Wade DT, Collin C, 'The Barthel ADL Index: A standard Measure of Physical Disability?', *International Disability Studies*, 10 (2), pp. 64〜67, 1988.
7) Shima S, Shikano T, Kitamura T, 'On new depressive self-assessment scales', *Jpn J Psychiatry*, 27, pp. 717〜723, 1985.
8) Okabayashi H, Sugisawa H, Takanashi K, Nakatani Y, Shibata H, 'The factor structure of coping strategies and their effects on burnout among primary caregivers of impaired elderly persons', *The Japanese Journal of Psychology*, 69 (6), pp. 486〜493, 1999.
9) Okabayashi H, Sugisawa H, Takanashi K, Nakatani Y, Sugihara Y, Hougham GW, 'A longitudinal study of coping and burnout among Japanese family caregivers of frail elders', *Aging and Mental Health*, 12 (4), pp. 434〜443, 2008.
10) Springer D, Brubaker TH, *Family caregivers and dependent elderly*, Published in cooperation with the University of Michigan School of Social Work , Sage, 1985.
11) Sörensen S, Pinquart M, Duberstein P, 'How Effective Are Interventions With Caregivers? An Updated Meta-Analysis', *The Gerontologist*, 42 (3), pp. 356〜372, 2002.
12) S.H.Zarit, J.M.Zarit, *Mental Disorders in Older Adults, 2nd Ed.*, Guilford Press, pp. 321〜350, 2007.
13) 清家理・鳥羽研二・櫻井孝「認知症家族介護者教室・認知症カフェ等『認知症の人・家族介護者が集う場』の意義を問う」『月刊臨床栄養』第13巻第7号、886〜888頁、2017年

【参考文献】

- 和気（翠川）純子「在宅障害老人の家族介護者の対処（コーピング）に関する研究」『社会老年学』第37号、16〜26頁、1993年
- 和気純子「家族介護者の対処スタイルとその特性――在宅介護におけるソーシャルワーク実践の視点」東京都老人総合研究所社会福祉部門編『高齢者の家族介護と介護サービスニーズ』光生館、307〜329頁、1996年

おわりに

　この原稿を書いている瞬間も、多くの地域で「家族向け認知症介護教室（以下、介護教室）」をはじめとした、認知症カフェ、介護者のつどい等が企画・運営されたり、継続のための手立てが考えられたりしているであろう。全国各地で活動を企画・運営されている方々にとって、本書が実質的な運営・活動方法の情報提供のみならず、「やってみよう」「続けてみよう」という動機づけになることを願ってやまない。

　最後に、補足しておきたいことを2点あげる。

　第一に、介護教室を企画・運営するスタッフが、活動を遂行するうえでの「いいかげん（良い加減）」をみつけ、自らの心身の健康を維持することの大切さである。介護教室は、家族介護者や認知症の人のWell-being（よりよく生きること）を目指して、実施されるものである。しかし、家族介護者や認知症の人のWell-beingの実現・維持だけに気をとられ、自らが心身ともに疲弊していては、本末転倒である。「いいかげん」は一見、大切な仕事や役割を中途半端に投げ出してしまう、悪い意味でとらえられがちである。真面目な人であればあるほど、「いいかげん」が許せない状況になってしまう。そして、一緒に従事している仲間、参加者に対して、自らの理想を押しつけてしまうような、焦りの行動がみられるようになる。このような状況になると、自らのストレスマネジメントもうまくいかなくなる悪循環に陥りがちだ。一生懸命企画した活動が、なかなか軌道にのらなくても一手に責任を負わないこと、取り組みが軌道にのるには一朝一夕ではいかないことを肝に銘じる必要があるだろう。何よりも、多機関、多職種（インフォーマルサポート提供者も含む）で顔の見える関係をつくりながら、思いを交わすことが肝要であろう。時に、活動を振り返って、立ち止まってみる勇気も重要である。そのために、活動評価という手法がある。

　第二に、家族介護者等が定期的に集うことの難しさがあるなかで、家族介護者や認知症の人に対する継続的な支援方法を検討する必要性である。同じ経験をもち、または境遇にある人同士が集まる効果は、随所で述べた。しかし、定期的に集うことが難しい事情は3点あげられる。1点目は、家族介護者が就労や利用中のサービスの都合で参加できない場合、2点目は集団が苦手である場合、3点目は地理的条件によって集うこと自体が難しい場合である。1点目、2点目は、開催方法や介入方法の工夫で、家族介護者や認知症の人の孤立を防ぐことができるだろう。しかし3点目は、開催場所までの移動手段が限られているような山間部（移動の担い手になるような世代が少ない過疎地域も含む）、冬期に雪深い状況になってしまう地域は、都市部のよう

に、ある活動拠点に通って顔を合わせるような集い形式をとることは非常に難しい。今後は、近年、遠隔診療で用いられているICTを活用して相互交流を図るような、新しい集い形式を検討する必要もある。その際には、産官学民の協働が必要不可欠である。

　介護教室の未来を考えていくうえで検討すべき点は、まだまだ尽きない。本書を手にしてくださった介護教室をはじめとした、家族介護者や認知症の人のための地域の活動を推進中の方、計画中の方、「やってみたい」と思いはじめた方など、多くの方と介護教室をはじめとした地域活動の現状・課題だけではなく、「未来」について意見交換ができればと願ってやまない。本書が、皆さまとつながっていく、「はじめの一歩」になれば、望外の喜びである。

　末筆になったが、本書の企画を進めてくださった、中央法規出版の米澤昇氏、国立長寿医療研究センターもの忘れセンター主催家族教室への参加者の皆さま、茶話会運営を主体的に進めてくださった「楽ちん♡」メンバーの皆さま、国立長寿医療研究センターもの忘れセンター外来担当医師及びスタッフの皆さま、介護教室の地域展開をともに模索中の愛知県健康福祉部高齢福祉課介護予防・認知症グループの皆さまに厚く御礼申し上げる。

　平成30年2月

国立長寿医療研究センターもの忘れセンター
編著者　櫻井　孝　清家　理

執筆者一覧

監 修
鳥羽　研二　　　　　国立長寿医療研究センター　理事長

編 著
櫻井　孝　　　　　　国立長寿医療研究センター　もの忘れセンター　センター長
清家　理　　　　　　国立長寿医療研究センター　もの忘れセンター外来研究員
　　　　　　　　　　京都大学こころの未来研究センター
　　　　　　　　　　上廣寄付研究部門 医療・保健・福祉領域　助教

執 筆（五十音順）
内山　詠子　　　　　国立長寿医療研究センター　臨床心理士
大久保直樹　　　　　国立長寿医療研究センター　副看護師長
　　　　　　　　　　DCM（認知症ケアマッピング）上級マッパー
梶野　陽子　　　　　国立長寿医療研究センター　研究補助員
櫻井　孝　　　　　　国立長寿医療研究センター　もの忘れセンター　センター長
佐治　直樹　　　　　国立長寿医療研究センター　もの忘れセンター　副センター長
住垣千恵子　　　　　国立長寿医療研究センター　副看護師長
　　　　　　　　　　DCM（認知症ケアマッピング）トレーナー
清家　理　　　　　　国立長寿医療研究センター　もの忘れセンター外来研究員
　　　　　　　　　　京都大学こころの未来研究センター
　　　　　　　　　　上廣寄付研究部門 医療・保健・福祉領域　助教
竹内さやか　　　　　国立長寿医療研究センター　認知症看護認定看護師
　　　　　　　　　　認知症ケア専門士・DCM（認知症ケアマッピング）基礎マッパー
藤﨑あかり　　　　　国立長寿医療研究センター　認知症看護認定看護師
　　　　　　　　　　DCM（認知症ケアマッピング）基礎マッパー
堀部賢太郎　　　　　国立長寿医療研究センター　もの忘れセンター　連携システム室長
森山　智晴　　　　　国立長寿医療研究センター　研究補助員（看護師）
　　　　　　　　　　認知症ケア専門士・DCM（認知症ケアマッピング）基礎マッパー
米津　綾香　　　　　国立長寿医療研究センター　臨床心理士

謝 辞（五十音順）
もの忘れセンターに通院中の認知症のご本人・ご家族の方々
もの忘れセンターで開催中の家族教室参加者の方々
認知症家族サポーターの会　楽ちん♡の方々
新畑 豊・猪口 里永子・遠藤 英俊・大沢 愛子・萩原 淳子・川嶋 修司・小長谷 陽子・近藤 和泉・
酒井 俊宏・佐竹 昭介・鈴木 啓介・武田 章敬・辻本 昌史・西原 恵司・野口 貴弘・服部 英幸・
坂野 優香・福田 耕嗣・文堂 昌彦・三浦 久幸・水野 伸枝・山岡 朗子・鷲見 幸彦
もの忘れ外来スタッフの方々
国立長寿医療研究センター看護部の方々

「認知症介護教室」企画・運営ガイドブック
続けられる！ 始め方・進め方のノウハウ

2018年4月1日　発行

監　修	鳥羽　研二
編　著	櫻井　孝　清家　理
編　集	国立長寿医療研究センターもの忘れセンター
発行者	荘村　明彦
発行所	中央法規出版株式会社
	〒110-0016　東京都台東区台東3-29-1　中央法規ビル
	営　　業　TEL03-3834-5817　FAX03-3837-8037
	書店窓口　TEL03-3834-5815　FAX03-3837-8035
	編　　集　TEL03-3834-5812　FAX03-3837-8032
	https://www.chuohoki.co.jp/

装幀・本文デザイン　　澤田かおり（トシキ・ファーブル）
印刷・製本　　　　　　株式会社アルキャスト

本書のコピー、スキャン、デジタル化等の無断複製は、著作権法上での例外を除き禁じられています。また、本書を代行業者等の第三者に依頼してコピー、スキャン、デジタル化することは、たとえ個人や家庭内での利用であっても著作権法違反です。

定価はカバーに表示してあります。落丁本・乱丁本はお取り替えいたします。
ISBN978-4-8058-5657-4